法律って**やっぱり**おもしろい**!!**
JKヒカリとめぐる

# 法律トリビア

第一法規 法律トリビア研究会 編著

第一法規

## はじめに

　こんにちは！　高校1年生のヒカリです（＾o＾）/
　公民の授業で、国会は法律を決めるところって習ったんだけれど、私も3年生のときには18歳になるから、選挙権をもつんだよね！そしたら国会議員の選挙にも行けるから、私も法律に関係アリ、ってことになるよね。

　じゃあちゃんと法律のことも勉強しないとと思うんだけれど、ホウリツって難しそうなんだよぁ……
と思ってたら、公民の授業のときに、先生が法律のおもしろいネタを色々教えてくれたから、けっこう楽しかったよ！

　法律には、スイカはメロンって書いてあるんだとか、ちょっと（だいぶ）教科書から脱線してたなぁ。

　で、実は先生にはネタ本があって。
「法律って意外とおもしろい　法律トリビア大集合」っていう本で、出版社の人から、こんどまた新しいネタで本を作ることになったから、それに出てくれって、なぜか私にオファーがありました！

　というわけで、私と一緒に、法律の面白ネタ、見にいこっ！

# CONTENTS

## 3　世の中、いろんなルールがある

## 3 もっとディープに！「法鉄」の世界

**突撃インタビュー**

### 鉄道会社

凡例

○本書の内容は、原則として 2020 年 4 月 1 日現在の情報に基づいています。

○本書で取り上げている法令の件数は、「現行法規総覧」「D1-Law.com 現行法規」をもとに、当研究会が算出したものです。なお、法令の件数には、原則として、廃止されたもの、全部改正されたもの、法令を改正・廃止するための法令は含みません。また、断りがない限り、廃止された法律のうちその全部又は一部がなおその効力を有するとされた法令も含みません。

○引用条文中、〔※〕等として注を入れている場合があります。

○読みやすさを重視するため、引用条文中に〔……〕と記して抄録をしている場合があります。

○一部の法令については、漢字の旧字体を新字体に、旧仮名遣いを新仮名遣いに置き換えています。

○現在廃止または失効している法令、全部改正される前の法令については、法令名の前に〔旧〕と記しています。

第 **1** 章

子ネコは「果実」？
法律に登場するこんな "決まり"

法律って、難しいことばっかり書いてあると思ってたんだけれど、意外と面白いことも書いてあるんだって！
　例えば、地球がどんな形をしているか、法律に書いてあるっていうんだけれど、ホントかな？　そんなの法律で決めなくても、最初っから決まってると思うんだけれど……？

# この言葉、法律で定義が決まっていた！

📖

## 「海賊」の定義が法律に書かれている？

「海賊」。普段の生活ではあまり目にしない言葉ですが、海賊とは何かを示している法律があります。

 なんで日本の法律に海賊が出てくるの？

アフリカのソマリア沖にあるアデン湾は、アジアとヨーロッパを結ぶ重要な海上交通路です。

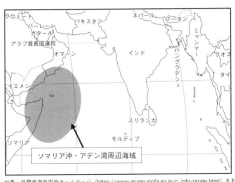

ソマリア沖・アデン湾周辺海域

出典：外務省海外安全ホームページ（https://www.anzen.mofa.go.jp/c_info/pirate.html）をもとに作成

3

10 数年ほど前から、このアデン湾を通過する船が海賊に襲われる事件が起きているため、海上自衛隊が日本の船に対する護衛活動を行っています。また、国土交通省には「海賊対策連絡調整室」という組織もあります。多くの日本のタンカーなどがこの海域を通過しているため、海賊対策はとても重要なことなのです。

　そこで、2009（平成 21）年に、**「海賊行為の処罰及び海賊行為への対処に関する法律」**という法律が作られました。この法律には「海賊行為」という言葉の定義が書かれています。

**海賊行為の処罰及び海賊行為への対処に関する法律**
**第 2 条**　この法律において「海賊行為」とは、船舶……に乗り組み又は乗船した者が、……公海……又は我が国の領海……において行う次の各号のいずれかの行為をいう。
　一　暴行若しくは脅迫を用い、……人を抵抗不能の状態に陥れて、航行中の他の船舶を強取し、又はほしいままにその運航を支配する行為

なんかちょっと難しい……要するにどういうこと？

　この条文はこの後もまだまだ続きますが、整理すると、「海賊行為」とは、船に乗っている人が、①暴行・脅迫などにより、他の船や、船の中にある物を奪

うこと、②他の船の人を、人質にするためにさらうこと、③人質をたてに、物を要求すること、④それらの行為をするために、他の船に侵入したり、船を壊したり、進路を妨害したりすること、となります。

　そして、海賊行為をした人には、行為の内容に応じて、死刑や懲役刑が科されると定めています。

　　海賊って、物語の中の話じゃなくて、今もみんなが困っている問題なのね。

## トリビア

〜海賊に襲われた側を保護する法律〜

　海賊に襲われた船の人、大変だよね。そんな人を保護する法律もあるんだよ。

　**「国際海上物品運送法」**っていう法律によると、船で荷物を輸送するときに、海賊に襲われて荷物を失ったり壊されたりした場合は、運送人たちは損害賠償の責任を負わなくてもいいんだって！

**国際海上物品運送法**
**第3条第1項**　運送人は、……注意を怠つたことにより生じた運送品の滅失、損傷又は延着について、損害賠償の責を負う。
**第4条第2項**　運送人は、次の事実があつたこと及び運送品に関する損害がその事実により通常生ずべきものであることを証明したときは、……前条の責を免れる。……
　四　海賊行為その他これに準ずる行為

## 「子ども」？「こども」？「子供」？

「こども」は漢字で書くと「子供」だけれど、「子ども」って書いてあることも多いよね。法律ではどう書かれているの？

## ○「子ども」と書く法律

「子ども」という書き方が使われている法律は、**「子ども・子育て支援法」**や、**「子どもの読書活動の推進に関する法律」**などたくさんありますが、最初に登場したのは、1998（平成10）年に**「特定非営利活動促進法」**が制定された時のようです。

特定非営利活動促進法〔※制定当時の条文〕

別表

　　十一　子どもの健全育成を図る活動

## ○「こども」と書く法律

すべてひらがなで「こども」と表している例としては、「こどもの日」という祝日の名称を定めている「国民の祝日に関する法律」があります。

## ○「子供」と書く法律

　「子供」という言葉が書かれている法律は、最近までありませんでしたが、**「公職選挙法」**が 2016（平成28）年に改正され、「子供」という言葉が登場しました。

公職選挙法
第 58 条第 2 項　……選挙人の同伴する子供……は、投票所に入ることができる。……

「子ども」、「こども」、「子供」のどれも法律に出てくるんだね。でも、「子供」が最近になって使われるようになったのはちょっと意外だね。

\ もっと /
トリビア

~子どもを表す、他の用語~

　「子ども」に似た言葉では、「児童」って言葉が、「児童福祉法」とか、たくさんの法律で使われているよ。それから、「少年」という言葉も、「少年法」とかでよく見かけるね。

　ほかにも、「小児」という言葉が、「小児慢性特定疾病医療費」みたいに、子どもの医療のことを書いた規定で使われていたりするよ。

## 「絵本」の定義が、法律に書かれている

絵本の「ぐりとぐら」が大好き！ぐりとぐらが、大きなカステラを作ったんだよね。ふっくらしておいしそうなカステラの絵に、ワクワクしたよ。

ところで、法律には「絵本」って何か？が決められているらしいんだけれど、どんなふうに書かれているのかな？

### ○ 「幼児用の絵本」の定義

**「関税定率法」**には、「幼児用の絵本」という言葉の定義が書かれています。

関税定率法
別表　関税定率表
　第 49 類　注 6 ……「幼児用の絵本」とは、絵が主体で、文章が副次的な幼児用の本をいう。

このように、「幼児用の絵本」とは、「絵が主体で、文章が副次的な幼児用の本」であると定義されています。

「絵が主体」の本ということね、分かりやすい！

## ○幼稚園では、絵本に親しむようにしましょう

　**「学校教育法」**には、幼稚園で行われる教育についての目標が規定されています。

　その中の一つに、絵本などに親しむことが挙げられており、絵本などを通じて、言葉の使い方を正しく導くことや、相手の話を理解しようとする態度を養うことが目標とされています。

> **学校教育法**
> **第23条**　幼稚園における教育は、前条に規定する目的を実現するため、次に掲げる目標を達成するよう行われるものとする。
> 　四　日常の会話や、絵本、童話等に親しむことを通じて、言葉の使い方を正しく導くとともに、相手の話を理解しようとする態度を養うこと。

絵本は子どもの教育に大事だってことが、法律にも書かれているんだね。

## ほうれい線は「法令線」と書く

 お母さんがよく、「ほうれい線が……」って言って、鏡を見ながらほっぺを引っ張っているよ。ところで、ほうれい線と法律には関係があるの？

### ○「ほうれい線」を漢字で書くと

「ほうれい線」というのは、鼻の両横から口の両横にのびている線のことですね。

このほうれい線の「ほうれい」という字は、ひらがなで書かれていることが多いですが、漢字にするとどんな字なのでしょうか？

そこで「広辞苑」（第 7 版）で調べてみたところ、なんと「法令」線と書くのだそうです！

まさか私たちの顔の中に「法令」があったとは、驚きです。

### ○法令線がくっきりしていると、実は幸運？

広辞苑には、続けて、「中国の人相学用語『法令紋』からか」と、その由来が記されています。

中国の人相学では、あの線は「法令紋」と呼ばれていて、法令紋が深くて長い人は、行いが慎重で筋が通っており、中年以降になると、位が高く重要な権限を

持ち、人々から尊敬されると言われているようです。

　また、「法令線が細く長く、口の端を過ぎて伸びている人は長寿である」とか、「法令線の外側にもう一本線がある人は優れた才能を持っている」とか、「法令線が下の方で分かれている人は、人望・名声があり、いくつもの事業を経営できる」とも言われているようです。

 じゃあ、法令線がくっきりとしているのは、むしろラッキーなのかも。

# 2

## 法律が語る、さまざまな人生

> ヒトはいつから「人」になる？

私も少し世の中のことを考えるように
なって、人の生とか死のことも考えたり
するけれど、そういうことって、法律に
は書いてあるのかな？

## ○「人」を具体的に定義した法律はない？

　社会において、人が「人」として扱われるのは、生
まれた時からというのが一般的な感覚ではないかと思
います。では、法律にはどう書かれているでしょうか。

　実は、具体的に「ここからが『人』です」と規定し
た法律はありません。

　とはいえ、法律の世界では、権利というものは原則
として「人」がもつことができるものなので、いつか
ら権利を得るのか＝いつから「人」になるのかという
のは、とても重要な問題です。

## ○ヒトが「人」になる～出生～

　では、見方を変えて、人はいつから権利を得るので

しょうか。

これについては、**「民法」**に規定があります。

民法
第3条　私権の享有は、出生に始まる。

ここでは、私権の享有、つまり権利をもち、使えるようになるのは「出生」した時であるとされています。

やっぱり、生まれた時なんだ。

それでは、人はいつ「生まれた」ことになるのでしょうか。

それはお母さんのおなかから出てきたときでしょ？

では、お母さんのおなかから出てきたというのは、赤ちゃんの体が全部出たときでしょうか？　それとも頭だけでも出ていれば生まれたことになるのでしょうか？

法律自体は、その点については何も語っていません。ただし、裁判や学説で、それについての考え方が示されています。

## ○「民法」での「出生」の解釈～全部露出～

まず、**「民法」**の解釈では、赤ちゃんの体が全部外に出た段階で、出生したことになるとされています（全部露出説）。

ってことは、体の全部が出ていないうちは、何の権利もないことになるの？

**「民法」**では、「人」として生まれる前でも、損害賠償を請求する時や相続をする時は、既に生まれた「人」として扱われることになっています。

**民法**

**第721条**　胎児は、損害賠償の請求権については、既に生まれたものとみなす。

**第886条**　胎児は、相続については、既に生まれたものとみなす。

お母さんのおなかの中にいても権利が認められる場合があるんだね。

## ○「刑法」での「出生」の解釈～一部露出？～

一方、**「刑法」**ではどうでしょうか。

**「刑法」**では、「人」に対する行為のみが殺人や傷害

とされるため、被害者が「人」なのかそうでないのか
は、罪の有無や重さに大きな差異が生じることになる
ので、重大な問題です。

　この点について、**「刑法」**においては**「民法」**のよ
うに、出生に関する規定や、胎児の権利について、
「既に生まれたものとみなす」といった特別な規定は
置かれていません。

でもさ、体の一部が出ているだけでも、
誰かが直接傷つけようとしたらできちゃ
うよね。さっきの民法みたいに、体の全
部が出ていないと生まれたことにならな
いなら、普通の人を傷つけたときと同じ
罪には問えないってこと？

　**「民法」**と同じ考え方をとると、そういうことにな
りますね。しかし、**「刑法」**の世界では、体の一部が
露出した段階で生まれたものとする考え方（一部露出
説）が、判例の立場だとされています。

　実際に問題になった事例を見てみましょう。

　胎児の体が一部分露出した状態で窒息死させた事件
で、大審院（最高裁判所の前身）は、1919（大正8）
年の判決で、「母体から一部が露出している以上、母
体とは関係なく外部から侵害を加えることができる」
という理由から、体が一部出ていれば、殺人罪の対象
となりうる「人」である、と判断しました。

なるほど、そうやって、できるだけ赤ちゃんが「人」だよ、といえるように考えているわけね。

※参考文献：塩見淳「人はいつ人になるのか？―刑法から見た人の始期について―」産大法学 40 巻 2 号（2006 年）120 頁

## 法律が語る人の「死」とは？

次に、人はいつ「死」を迎えるのか、ということについて法律はどう見ているのか、考えてみましょう。

### ○どのような状態を「死」と呼ぶのか

 「死」かどうかは、心臓が動いているかどうかで決まるのかな……？　でも、そういうことも法律に書いてあるの？

どのような状態が人の「死」なのかについて、法律に定義が示されているわけではありません。

しかし、法律の主な保護の対象は生きている人であるため、やはり法律において、人の生死に関する定義は非常に重要な意味を持ちます。

人の死については、「三徴候説」という説が有力とされています。それは、

・呼吸が停止しているか

・心臓（脈）が停止しているか

・瞳孔が開いているか

の3点を確認することで、人の生死を判断するというものです。

この考え方は医療現場でも採用されており、基本的

には呼吸・脈・瞳孔を確認した上で、家族の方に死亡を宣告することとしているようです。

呼吸、心臓、瞳孔の三つが大事なのね。

とはいえ、死亡を宣告された後も、24 時間以内には蘇生する可能性が残されているとの考え方から、**「墓地、埋葬等に関する法律」**では、次のように、埋葬・火葬は、原則として亡くなった後 24 時間を経過した後に行うことと規定されています。

**墓地、埋葬等に関する法律**
**第 3 条**　埋葬又は火葬は、他の法令に別段の定があるものを除く外、死亡又は死産後 24 時間を経過した後でなければ、これを行つてはならない。……

## ○「脳死」とは

> じゃあ、例えば瞳孔が開いていても、呼吸していたり、心臓が動いていたりする人をケガさせたりしたら、傷害罪ってことになるわけね。
> ところで、「脳死」っていう言葉を聞いたことがあるんだけれど、それはどういうもの？　脳だけが止まっているってこと？

　「脳死」というのは、**「臓器の移植に関する法律」**において、「脳幹を含む全脳の機能が不可逆的に停止するに至った」と定義されている状態のことです。

　臓器の移植に関する法律
　第6条第2項　……「脳死した者の身体」とは、脳幹を含む全脳の機能が不可逆的に停止するに至ったと判定された者の身体をいう。

　この「脳死」状態では、脳の機能は止まっていて、自力では呼吸ができないものの、心臓はまだ動いています。

心臓がまだ動いているなら、生きているわけだから、そういう人を傷つけたら傷害罪になるよね。なんで「脳死」っていうのを決めないといけないのかな？

「脳死」が問題として認識されるようになってきた理由は、医学の進歩にあります。

医学が発達していなかった頃は、「脳死」状態となれば回復する見込みがなく、やがて先ほどの三徴候説によって「死」と判断される状態になっていたので、特に問題となることはありませんでした。

しかし、医学が進歩すると、「脳死」状態となり、瞳孔が開き、自発的に呼吸ができなくなった場合でも、心臓や肺を人工的に動かすことができるようになり、「三徴候説」による「死」に至らない状態を維持できるようになりました。

さらに、「脳死」状態の人の臓器を他人に移植するという臓器移植の技術が可能になってくると、何を人の「死」とするのかが大きな問題になってきました。

今までと同じように、「脳死」はまだ生きているんだよ、っていうと、臓器移植のために心臓をとったら、お医者さんは人殺しになっちゃうよね……。

## ○臓器移植の観点から見た「脳死」

　臓器移植の観点からは、可能な限り状態の良好な臓器を移植に用いる必要があり、特に心臓については、三徴候説に基づく死亡を待っていると、非常に短時間で、臓器移植を行えない状態になってしまいます。

　つまり、臓器に疾患をもつ人からすると、臓器移植の可能性を狭めれば、時として回復の見込みのある臓器に治療を施すことができなくなることもあるのです。

　以上のように、

・医療技術の進歩により、脳の機能は止まっても、心臓が動き、呼吸もしているという状況が現れるようになった

・臓器移植の技術が発達し、状態の良好な臓器を提供することで、患者の命を救えるようになってきた

という状況を受けて、**「臓器の移植に関する法律」**には、「死体」には「脳死した者の身体を含む」とし、移植のために臓器を摘出できると規定されています。

　**臓器の移植に関する法律**

　**第6条**　医師は、次の各号のいずれかに該当する場合には、移植術に使用されるための臓器を、死体（脳死した者の身体を含む。以下同じ。）から摘出することができる。

　一　死亡した者が生存中に当該臓器を移植術に使用されるために提供する意思を書面により表示している場合であって、その旨の告知を受けた遺族が当該臓器の摘出を拒まないとき又は遺族がないとき。

　このように、臓器移植に関する行為という限定的な場合にのみ、「脳死」状態を「死」ととらえることで、殺人などの行為には当たらないようにするという法律の考え方を見ることができます。

　さらに、上の条文には、医師が臓器を摘出できる場合として、本人が、臓器を提供する意思を生前に書面で表示していることなど、厳格な要件が定められています。

　「死」についてのこれまでの考え方と、臓器移植をすれば助かる人がいる、ということを両方考えて、くわしく決められているんだね。

## ○亡くなった人の権利を守る法律？

　さっき、生まれる前の人にも権利が認められる場合があるって話があったけれど、亡くなった人に権利が認められる場合もあるのかな？

　実は，法律上、死後も保障される権利があります。

## ○死者の名誉を守る

　その一つに、死者の名誉を守るための規定があります。

　**「刑法」**では、人の社会的評価を傷つけるようなこ

とを公表すると、名誉毀損の罪に問われます。

　では、亡くなった人の社会的評価を傷つけるようなことを公表したらどうなるでしょうか。**「刑法」**の規定を見てみましょう。

**刑法**
**第230条第2項**　死者の名誉を毀損した者は、虚偽の事実を
　　　摘示することによってした場合でなければ、罰しない。

　このように、亡くなった人の名誉を傷つけた場合も、名誉毀損の罪に問われますが、嘘を言って傷つけた場合だけに限定されています。

　生きている人については、社会的評価を傷つけると今後の生活に大きく影響するため、たとえ本当のことであったとしても、名誉毀損に当たる可能性があります。

　一方、亡くなった人については、"今後の生活"といったものはないのですが、そうであっても、事実から外れるような内容だと、その人の社会的評価が貶められることから、死者を保護すべきだと考えられていることがうかがえます。

生きている人でも亡くなった人でも、
人の悪口を言ったらいけないよね。

## 「貸金太郎」とは何者？

書類を書く時の記入例に「銀行太郎」とか書いてあるよね。法律には、そんな「○○太郎」さんみたいな名前が書いてあったりするのかな？

　証明書などをもらいに役場へ行くと、書類の記入台に記入例がありますね。

　それを見ると、氏名の欄には、市区町村の名前を名字に使って「○○　太郎」と書かれていたりします。

　全国各地の役場をめぐると、きっと色々な名前の記載例が見つかることでしょう。

　さて、法律などにも、書類の記入例が示されていることがあります。そこには、どのような人物名が使われているのでしょうか？

### ○「甲野太郎」

　法令に示される書類の記入例でよく見かける名字に「甲野」という名字があります。

　例えば、「甲野太郎」という氏名が、**「政治資金規正法施行規則」「政党助成法施行規則」**の二つの省令に登場しています。

　これらの省令には、政党が作成する書類の記入例を

示している様式があり、その中で、政党への寄附者や、政党からの支出を受けた人の氏名の例として挙げられています。

## ○「甲野乙郎」

　書類の記入例に人名が書かれているケースは、省令や告示に多く見られますが、法律では1件だけ見つかりました。

　それは**「最高裁判所裁判官国民審査法」**という法律で、最高裁判所の裁判官について、衆議院議員の総選挙にあわせて行われる国民審査の投票用紙の記入例が示されています。

　その中で、「甲野乙郎」という名前が使われていま

す。

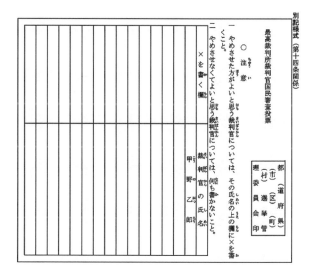

## ○「貸金太郎」

　**「貸金業法施行規則」**という法令には、「貸金太郎」という氏名が登場しています。

　貸金業の登録申請に当たり、重要な使用人などの氏名を提出しなければならないのですが、それを紙の代わりにデータで提出する場合の記録の仕方を示した注意書きの中に書かれています。

貸金業法施行規則
別紙様式第3号の2（第4条、第8条関係）

（例）昭和40年2月1日生まれの貸金太郎氏（男性）が重要な使用人及び貸金業務取扱主任者である場合には、「カシキン タロウ，貸金　太郎……」と記録する。

## ○「商標太郎」

　**「商標法施行規則の規定に基づく光ディスクへの記録方式」**という特許庁の告示があります。この告示は、商標登録を受けようとする人が商標の詳細を光ディスクに記録して特許庁に提出する場合の、記録内容について定めているものですが、その中に出願人の氏名の例として「商標太郎」と書かれています。

**商標法施行規則の規定に基づく光ディスクへの記録方式**
3．ファイル名等
　　⑵　ファイル名は、……（例えば……、出願人の氏名……を用いる場合は「商標太郎……」）とする。

## ○「鈴木太郎」

　実在していそうな人物名では、「鈴木太郎」という氏名が書かれている例があります。

　それは、**「電気通信主任技術者規則」**という省令です。

　この中に、電気通信主任技術者の資格証の再交付を受けようとする場合の、申請書の記入例として、「鈴木太郎」という氏名が登場しています。

電気通信主任技術者規則
**別表第 14 号様式（第 42 条関係）**
　注 2 ⑵氏名の欄は、……
　（記載例）
　氏　名　鈴木　太郎

## ○「鈴木一郎」

　もう一人、実在していそうな人名として、**「無線従事者規則」**という省令に「鈴木一郎」という氏名もありました。

無線従事者規則
**別表第 16 号様式**
　注 2　氏名の欄は、次により記入すること。
　⑷……
　（記載例）
　フリガナ　スズキ　イチロウ
　漢字　　　鈴木　　一郎

貸金太郎さんとか商標太郎さんがホントにいたら、会ってみたいな〜！

## 戸籍の記載のひな形に書かれた人生を
## たどったら、波瀾万丈だった

**「戸籍法施行規則」**という省令には、戸籍の記載の
ひな形として、「甲野義太郎」という架空の人物の戸
籍が付けられています。そこには、甲野さんの妻、子
どもなど、多くの人が登場し、数十年にわたる家族の
歴史が書かれています。

「甲野義太郎」さんがどのような人生を送っている
のか、見てみましょう。

### 〇甲野義太郎さんの人生の始まり

**「戸籍法施行規則」**にある、戸籍の記載のひな形の
最初の方には、次のように書かれています。

> **戸籍法施行規則**
> **附録第 6 号**　戸籍の記載のひな形（第 33 条関係）
> 　氏名　甲野義太郎
> 　　昭和四拾年六月弐拾壱日東京都千代田区で出生同月弐拾
> 五日父届出入籍㊞
> 　　平成四年壱月拾日乙野梅子と婚姻届出東京都千代田区平
> 河町一丁目四番地甲野幸雄戸籍から入籍㊞
> 　　……

甲野義太郎さんは、1965（昭和 40）年、甲野幸雄
さん・松子さんの長男として生まれました。

後に妻となる乙野梅子さんは、翌 1966（昭和 41）
年、乙野忠治さん・春子さんの長女として生まれまし

た。

## ●結婚、出産

　義太郎さんと梅子さんは1992（平成4）年に婚姻し、その後、長男・啓太郎さん、長女・ゆりさん、二女・みちさんが生まれました。

## ●長女、特別養子縁組

　長女・ゆりさんについては、5歳の時に、他の人の特別養子となる縁組の裁判が確定し、「丙山ゆり」という新しい戸籍が作られました。

　特別養子縁組は、実の親との親族関係が終了する縁組で、養親となる人が家庭裁判所に請求するものです。

## ●梅子さんの長女、英子さん

　ところで、妻・梅子さんには、義太郎さんと婚姻する5年前に生んだ「甲野英子」という子がいます。戸籍では、父の欄は空欄になっています。英子さんについては、18歳の時に「甲野」という氏を称する届出がされ、その後、梅子さんの両親である乙野忠治さん・春子さんの養子となりました。

## ●二男、生まれたが亡くなる

　その頃には他にも色々な出来事があり、二男である芳次郎さんが生まれましたが、6歳で亡くなりました。

## ●長女の特別養子縁組が離縁

　また、以前他の人と特別養子縁組を結んだ長女・ゆりさんについて、特別養子縁組の離縁の裁判が確定し、「甲野ゆり」という戸籍が新たに作られました。

特別養子縁組が離縁になると、終了していた実の親との親族関係が再び生じることになります（**「民法」**第817条の11）。

### ●二女の結婚と離婚

二女のみちさんは、乙原信吉さんという人と婚姻し、義太郎さんの戸籍から出ていきましたが、後に離婚し、再び義太郎さんの戸籍に入って、その後別の戸籍を設け、分籍しました。

### ●長男、推定相続人から廃除

2020（令和2）年に、長男・啓太郎さん（27歳）を、父である義太郎さん（54歳）の推定相続人から廃除するという裁判が確定します。

推定相続人の廃除とは、**「民法」**第892条に規定されている制度で、将来相続が開始したときに相続人となるはずの人（＝長男・啓太郎さん）が、被相続人（＝父・義太郎さん）を虐待するなどした場合に、被相続人が家庭裁判所に請求して、その相続権を失わせることをいいます。

**民法**

**第892条** 遺留分を有する推定相続人（相続が開始した場合に相続人となるべき者をいう。以下同じ。）が、被相続人に対して虐待をし、若しくはこれに重大な侮辱を加えたとき、又は推定相続人にその他の著しい非行があったときは、被相続人は、その推定相続人の廃除を家庭裁判所に請求することができる。

　その後、啓太郎さんは婚姻により新戸籍を設け、義太郎さんの戸籍から出て行きます。

## ●英助さんとの養子縁組

　2021（令和 3）年、義太郎さん夫妻は、乙川英助さんという 8 歳の子を養子に迎えます。

## ●他の女性との子を認知

　2022（令和 4）年、丙山竹子さんという女性が、長男の信夫さんを生みます。そして翌年、義太郎さんは信夫さんを認知し、親権者となります。

## ●啓二郎さんと特別養子縁組を結ぶ

　2023（令和 5）年には、別の父母のもとに生まれた啓二郎さんという子の間に特別養子縁組が成立し、三男として入籍します。

　以上が、戸籍の記載例から分かる、甲野義太郎さんの歴史でした。

　人にはいろんな出来事が起こるから、それを戸籍にどう書くかを一つにまとめると、すごい波瀾万丈な人生になるんだね……。

〜甲野義太郎さんは、若返った？〜

　この 1965（昭和 40）年生まれの甲野義太郎さんは、戸籍法施行規則が 1990（平成 2）年に改正されたときに登場したんだよ。じゃあその改正前は、何ていう人が書かれていたと思う？

　実は、改正前は、1954（昭和 29）生まれの「甲野義太郎」さんという人の戸籍になっていたんだよ！改正で若返ったんだね！

**戸籍法施行規則（平成 2 年法務省令第 5 号による改正前のもの）**

**附録第 6 号　戸籍の記載のひな形**

　氏名　甲野義太郎
　　昭和弐拾九年六月弐拾壱日東京都千代田区で出生同月弐拾五日父届出入籍
　　昭和五拾六年壱月拾日乙野梅子と婚姻届出東京都千代田区平河町一丁目四番地甲野幸雄戸籍から入籍
　　……

## 日本で鳥葬ってできるの？

　昔の日本では、人が亡くなると土葬が行われていましたが、今は、ほとんどの場合は火葬が行われますね。

　世界に目を向けると、土葬・火葬のほかにも、水葬、風葬、鳥葬などの方法があるようです。

「鳥葬」って、遺体を鳥に食べてもらうことでしょ？　日本ではできるのかな？

### 〇土葬・火葬以外の方法は可能か？

　日本における葬送の方法については、**「墓地、埋葬等に関する法律」**という法律に規定されています。

　まずは、用語の定義を見てみましょう。

> **墓地、埋葬等に関する法律**
> **第2条**　この法律で「埋葬」とは、死体……を土中に葬ることをいう。
> 2　この法律で「火葬」とは、死体を葬るために、これを焼くことをいう。

　このように、この法律では、葬送の方法として、「埋葬」と「火葬」が挙げられています。

　「埋葬」とは、遺体を土中に葬ること、つまり土葬ということですね。

また、「火葬」とは、遺体を焼くことで、これは私たちが普通に思い浮かべる方法です。

　そして、埋葬・火葬を行おうとするときは、市町村長の許可が必要とされています。

**墓地、埋葬等に関する法律**
**第5条**　埋葬、火葬……を行おうとする者は、……市町村長（特別区の区長を含む。……）の許可を受けなければならない。

　このように、日本の法律には、土葬・火葬をしようとするときは許可が必要と書かれていますが、「土葬・火葬以外はしてはいけない」という書き方はされていません。

　しかし、埋葬・火葬を行うのでも許可が必要なわけですから、鳥葬や風葬を禁止すると明記されていないからといって、やってよいということになるわけではなく、むしろ、**「刑法」**の死体遺棄罪などの罪に問われる可能性があるように思います。

**刑法**
**第190条**　死体、……を損壊し、遺棄し、……た者は、3年以下の懲役に処する。

## ○水葬ができる場合がある

これに対し、「水葬」は、場合によっては可能とされています。

え？　火葬じゃなくて水葬？　やってもいいの？

**「船員法」**には、航行中の船の中で人が亡くなった場合、水葬をすることができると規定されています。

> **船員法**
> **第 15 条**　船長は、船舶の航行中船内にある者が死亡したときは、…これを水葬に付することができる。

ただし、水葬を行うには、船が公海上にあることや、衛生上遺体を船内に保存することができないことなどの条件を満たしていなければなりません。

> **船員法施行規則**
> **第 4 条**　船長は、次のすべての条件を備えなければ死体を水葬に付することができない。
> 　一　船舶が公海にあること。
> 　二　死亡後 24 時間を経過したこと。ただし、伝染病によつて死亡したときは、この限りでない。
> 　三　衛生上死体を船内に保存することができないこと。
> 　　……

四　医師の乗り組む船舶にあつては、医師が死亡診断書を
　　　　作成したこと。
　　五　伝染病によつて死亡したときは、十分な消毒を行つた
　　　　こと。


## ○水葬を行う場合に必要なこと

　また、水葬を行う際、船長に対しては、
・遺体が浮き上がらないようにすること
・遺族のために、なるべく本人の写真を撮影して、遺
　品を保管すること
・相当の儀礼を行うこと
といったことが義務づけられています。

**船員法施行規則**
**第5条**　船長は、死体を水葬に付するときは、死体が浮き上
　　らないような適当な処置を講じ、且つ、なるべく遺族のた
　　めに本人の写真を撮影した上、遺髪その他遺品となるもの
　　を保管し、相当の儀礼を行わなければならない。

亡くなった方への敬意が、こういう条
文にも表れているね。

# 3

## 世の中、いろんなルールがある

> 人に塩をかけると、暴行罪になる？

暴行罪っていうと、人を殴ったり蹴ったりするのを想像するけれど、人に塩をかけて暴行罪になった人がいるんだって？

### ○相手の車を追いかける

東京高等裁判所の2000（平成12）年10月27日の判決によると、自動車で相手の自動車を追いかけた行為が暴行罪に当たるとされました。

この事例は、時速100kmほどのスピードで、約14kmの間、相手の自動車を追跡し、その間、後ろからパッシングしたりクラクションを鳴らしたりしたほか、相手の自動車に急接近などしたというものです。

### ○糊のついた刷毛を振る

松江地方裁判所の1975（昭和50）年8月19日の判決によると、糊と刷毛を持ち壁にビラを貼ろうとしていた人が、それを止めようとした人に向かい、糊をか

けようと刷毛を振りました。それが暴行罪に当たると
されました。

## ○人に塩をかける

　福岡高等裁判所の1971（昭和46）年10月11日の
判決によると、被告人は、直径20cm、高さ30cmほ
どの塩壺を抱え、塩をつかみ、相手に4、5回かけま
した。塩は相手の顔、胸、腕、大腿部にかかり、頭髪
の中、襟足から胸の中にも塩が残っていたそうです。

　このケースで、塩をかけた行為が暴行罪に当たると
されました。

## ○相手に詰め寄って、後ずさりさせる

　大阪高等裁判所の2012（平成24）年3月13日の判
決によると、険しい顔つきで、右手を相手の方に伸ば
しながら、相手に30〜50cmまで接近し、相手が後
ずさっても同じ距離を保ちながら4mほど追って行っ
たという行為について、暴行罪に当たるとしました。

塩や糊をかけるとか、相手に詰め寄る
ことも暴行罪になることがあるんだね。
万が一カッとなっても、冷静でいな
きゃね。

## 宿帳に嘘を書いたら、罪になる?

この間家族で温泉に行ったら、旅館に泊まるとき、お父さんが宿帳に名前や住所を書いていたんだけれど、これって書かないといけないの?

**「旅館業法」**は、旅館の営業者に、宿泊者名簿を備え、宿泊者の氏名・住所などを記載するよう義務づけています。

**旅館業法**
**第6条第1項** 営業者は、……旅館業の施設……に宿泊者名簿を備え、これに宿泊者の氏名、住所、職業……を記載し、……なければならない。

そして、宿泊する人は、旅館側から求められたときは、氏名・住所などを伝えなければなりません。

**旅館業法**
**第6条第2項** 宿泊者は、営業者から請求があつたときは、前項に規定する事項を告げなければならない。

なぜ宿帳を書かなければならないのでしょうか。

忘れ物をしたときに届けてもらうため
じゃない？

　実は、感染症が発生した場合や、感染症にかかった
人が泊まった場合に、感染経路を調査するためなのだ
そうです。

　これは、厚生労働省の通知に書かれています。

**旅館業法施行規則の一部を改正する省令の施行について（平
成 17 年 2 月 9 日厚生労働省健康局長通知）**
Ⅰ　旅館業法……第 6 条に規定する宿泊者名簿については、
　感染症が発生し又は感染症患者が旅館等に宿泊した場合に
　おいて、その感染経路を調査すること等を目的として、営
　業者に対して、宿泊者の氏名、住所、職業その他の事項を
　記載させることとしている……

　もし宿帳に嘘の名前や住所などを書くと、刑罰が科
される可能性があります。

**旅館業法**
**第 12 条**　第 6 条第 2 項の規定に違反して同条第 1 項の事項
　を偽つて告げた者は、これを拘留又は科料に処する。

色々事情がある人もいるかもしれない
けれど、宿帳には本当のことを書こうね。

## 日記をつけることが、法律で義務づけられている？

みんな、日記ってつけてる？

私は、毎日じゃないけれど、すごく嬉しいことがあった日とか、イヤなことがあった日はつけているよ。後で見返すと、「あの時はこんなこと考えてたんだなあ」とか、自分を冷静に見られるよ。

ところで、日記をつけるかどうかは人の自由なんだけれど、日記を書きなさいといっている法律があるんだって。どういうこと？

### ○航海日誌

**「船員法」**には、航海日誌を船内に備え置かなければならないと定められています。

> **船員法**
> **第18条** 船長は、国土交通省令の定める場合を除いて、次の書類を船内に備え置かなければならない。
> 　三　航海日誌

**「船員法施行規則」**によると、航海日誌には、航海の概要を記載するほか、設備の点検を行ったときや、船内で赤ちゃんが生まれたとき、人が亡くなったとき、

船内で誰かが犯罪を行ったとき、船内でストライキが行われたときなどに、記録をつけることとされています。

> **船員法施行規則**
> **第 11 条第 2 項**　航海日誌には、航海の概要を……記載するほか、次に掲げる場合にあつては、その概要を……記載しなければならない。
> 　　一　……、操舵設備について検査を行つたとき。
> 　　十六　船内において出生又は死産があつたとき。
> 　　十七　海員その他船内にある者による犯罪があつたとき。
> 　　十八　労働関係に関する争議行為があつたとき。

## ○航空日誌

　船舶と同じように、航空機には「航空日誌」というものがあります。**「航空法」**によると、航空機の使用者は航空日誌を備えなければならず、航空機を使用したときや整備・改造したときには、航空日誌に記載しなければならないとされています。

> **航空法**
> **第 58 条**　航空機の使用者は、航空日誌を備えなければならない。
> 2　航空機の使用者は、航空機を航空の用に供した場合又は整備し、若しくは改造した場合には、遅滞なく航空日誌に……記載しなければならない。

## ○無線業務日誌

「電波法」によると、無線局には、無線業務日誌を備え付けておかなければならないと定められています。

電波法
**第60条** 無線局には、正確な時計及び無線業務日誌その他総務省令で定める書類を備え付けておかなければならない。
……

## ○毒性物質を製造する場合

「化学兵器の禁止及び特定物質の規制等に関する法律」によると、化学兵器の製造に使われる恐れのある物質を製造する事業者は、日誌を備え、製造した量などを記録しなければならないとされています。

化学兵器の禁止及び特定物質の規制等に関する法律
**第22条** 許可製造者は、日誌を備え、その製造に係る特定物質に関し次に掲げる事項を記録しなければならない。
一　製造をした数量

お仕事で超大事なことを記録しなきゃいけない場合に書きましょう、ってことなのね。

## 裁判所が裁判で訴えられたことがある？

裁判所が裁判で訴えられたことがある
んだって！　何があったの？

　話は太平洋戦争が終わって間もない頃のことです。東京地方裁判所の中に、職員の健康管理などを担当する「厚生係」という部署があり、それとは別に、職員の生活物資の購入・配給を行う「厚生部」という私的な団体もありました。

　そして、公的な部署である「厚生係」の職員が、私的団体である「厚生部」の事務もしており、「厚生部」が物資を購入する際は、裁判所の用紙や印鑑を使っていました。

　ある日、「厚生部」が、繊維製品を扱う会社から生地を買ったのですが、期限が来ても代金が支払われませんでした。そこで、生地を売った会社が、裁判所を訴えたのです（正式には、国を訴えた形になります）。その裁判は、皮肉なことに東京地裁で行われました。

　会社側は、「厚生部」は東京地裁の一部みたいなものだから、東京地裁が代金を支払うべきだ、と主張し、東京地裁側は、「厚生部」は私的な団体だから、東京地裁が代金を支払う義務はない、と主張しました。

第一審、第二審では会社側が負け、最高裁判所に上告しました。

　最高裁判所の1950（昭和35）年10月21日の判決では、「厚生部」は東京地裁の一部ではないし、事実上そうなっていたともいえない、としましたが、それで会社側が負けたというわけではなく、東京地裁側にも、「厚生部」がまるで地裁の一部であるかのように見える状況を作り出した責任がある、と述べました。

　ただ、「厚生部」が東京地裁の正式な部署ではないことを、会社側が知っていた（あるいは不注意で知らなかった）かどうかがよくわからないので、そのあたりをもう一度高裁で確認しなさい、として、高裁に差し戻したのです。

\ もっと /
── トリビア ──

　この裁判は、法律の専門家の間では有名な事件で、公的機関に民法の表見代理の規定が類推適用されることを示した点に重要な意義があるんだって！

## 子ネコは「果実」？

 「果実」ってスイカとかメロンとかのことだよね？　なのに子ネコが「果実」って、どういうこと？

「果実」というと、木に実る果物を思い浮かべますね。法律にもそのような意味での「果実」という言葉が登場します。一例として、**卸売市場法**の規定を見てみましょう。

> **卸売市場法**
> **第２条**　……「生鮮食料品等」とは、野菜、果実、魚類、肉類等の生鮮食料品その他一般消費者が日常生活の用に供する食料品……をいう。

このように、「生鮮食料品等」という言葉は、野菜、魚、肉とともに、「果実」を含むものと規定しています。これは普通に思い浮かべる「果実」という言葉そのものですね。

### ○子ネコも「果実」？

しかし、**民法**を見ると、「果実」という言葉が指す範囲はもう少し広く、私たちが普通思い浮かべる、木の実のようなものに限られません。**民法**で「果

49

実」という言葉が出てくる箇所を見てみましょう。

このように、ある物を自然な使い方で使っているうちに、自然にその物から生み出されるものを、**「民法」**では「天然果実」と呼んでいます。

そうすると、例えば、飼っているネコが子ネコを産んだとき、その子ネコは「天然果実」ということになります。

なぜこのように子ネコのことを法律で決めなければならないかというと、その子ネコが誰の持ち物か、ということを決めなければならないからです。

ネコにしてみれば、「オイラは誰の持ち物でもニャイ！」って言いたくなるだろうけれど、人間社会では持ち主を決めないと色々と不都合だもんね。

さて、子ネコが誰の持ち物になるかは、**「民法」**の続きに書かれています。

　天然果実は、「元物」（＝母ネコ）から分離する（＝生まれる）時に、これを収取する権利を持っている人のものになる、つまり、子ネコが生まれたときに、これを手に入れる権利のある人の持ち物になる、ということです。

　しかし、親ネコの飼い主は、子ネコが生まれたら自動的にその子ネコの持ち主になるのでしょうか。

　これについては、**「民法」**に次のような規定があります。

**民法**
**第206条**　所有者は、法令の制限内において、自由にその所有物の使用、収益及び処分をする権利を有する。

　この規定によると、ある物の所有者は、その物の収益をする権利を有するとあります。

　そこで、母ネコの所有者は、その母ネコが生み出す物を得ること（＝収益）ができるということになり、子ネコの持ち主になるというわけです。

　それでは別の法律で、家畜の子を「果実」としている例を一つ見てみましょう。

**物品の無償貸付及び譲与等に関する法律**
**第3条**　物品を国以外のものに譲与……することができるのは、……左に掲げる場合に限る。

51

八　家畜の無償貸付……を受けた者に対し、その果実を譲
　　　　渡するとき

　この法律には、国が家畜を無償で貸し付けている相
手に、その「果実」である子を譲り渡すことができる
ことが規定されています。

## ○「果実」の意味はもっともっと広い

　そして、**「民法」**の「果実」という言葉は、果物や
子ネコにとどまりません。**「民法」**には次のような規
定もあります。

> **民法**
> **第88条第2項**　物の使用の対価として受けるべき金銭その
> 他の物を法定果実とする。

　この規定を見ると、「金銭」も「果実」に含まれる
ことがあります（法定果実）。例えば、アパートを貸
している大家さんが受け取る家賃は、アパートに住ん
でいる人から、部屋を使った対価として支払われるも
のなので、「果実」ということになります。

　　　　　法律の世界の「果実」って言葉は、ず
　　　　　いぶん広い意味で使われているんだね。

## キリンとお散歩するときのルールとは？

ヌコ飼ってみたい〜(= ⏠ω⏠ =)

## ○ペットにできる動物

　ペットというと犬、猫が多いですね。そのほかにはハムスターやインコといったところでしょう。

　では、そのほかにはどんな動物を飼うことができるのでしょうか？

　**「動物の愛護及び管理に関する法律」**では、つい最近まで、人の生命・身体・財産に害を与えるおそれがある動物でも、逃げ出さない構造の建物で飼うなどの基準を満たしていれば、都道府県知事の許可を受けてペットとして飼うことができることになっていました。

　しかし、法律の改正により、2020（令和2）年6月より、そのような動物を個人がペットとして飼うことは禁止されました。

　ただし、法律改正より前からペットとして飼われている場合は、引き続き飼うことができるとされています。

　そのような動物のリストが**「動物の愛護及び管理に**

**関する法律施行令」**にあります。

動物の愛護及び管理に関する法律施行令
別表

| 科　　名 | 種　　名 |
|---|---|
| 一　哺乳綱 | |
| （三）　長鼻目 | |
| ぞう科 | ぞう科全種 |
| （四）　奇蹄目 | |
| さい科 | さい科全種 |
| （五）　偶蹄目 | |
| かば科 | かば科全種 |
| きりん科 | ギラファ・カメロパルダリス（キリン） |

　このようにぞう、さい、かば、きりんなどが挙げられています。

　もちろん、これらの動物を個人が飼うのは、実際には大変に難しいことでしょう。

　というのも、いわゆる「ワシントン条約」により、絶滅のおそれのある動物の取引は厳しく規制されているためです。

　取引の規制される動物のリストが掲載されている附属書Ⅰ・Ⅱを見てみると、

**絶滅のおそれのある野生動植物の種の国際取引に関する条約**
**附属書Ｉ**

　……

さい科　　　さい科（spp.）（附属書Ⅱに掲げる亜種を除く。）
（さい類）

　……

ぞう目　　　エレファス・マクスィムス
（長鼻目）

ぞう科　　　ロクソドンタ・アフリカナ（附属書Ⅱに掲げる
（ぞう類）　……個体群を除く。）


**附属書Ⅱ**

　……

かば科　　　ヘクサプロトドン・リベリエンスィス
（かば類）　ヒポポタムス・アンフィビウス

　……

さい科　　　ケラトテリウム・スィムム・スィムム……
（さい類）


　このように、さい、ぞう、かば、……と、規制対象
に挙げられています。

……? キリンがのってないよ！

実は、キリンはワシントン条約による取引規制の対象外になっています。

ということは、キリンをペットとして飼っている人がどこかにいるかもしれません（ものすごく難しそうですが…）。

## ○キリンとお散歩するときのルール

さて、仮にキリンを飼っているとしましょう。

エサの問題や、「落とし物」の処理など、色々大変なことはあると思いますが、やはり醍醐味の一つは、「一緒にお散歩する」ことですね。

ということで、実はここからが本題になるのですが、法律には、キリンとお散歩するときのルールが決められているのです。

キリンとお散歩するときのことを、ピンポイントで決めてあるの……？

## ○まず原則を確認

まず、道路を歩くときの原則を確認しておきましょ

う。

　**「道路交通法」**によると、歩道と車道の区別のある道路を歩くときは、歩道を通行しなければなりません。

　歩道を歩いた方がいいですよ、というだけでなく、そもそも車道を歩いてはいけないわけです。

> **道路交通法**
> **第10条第2項**　歩行者は、歩道等と車道の区別のある道路においては、……歩道等を通行しなければならない。

## ○車道を歩かなければならない場合がある

　この例外として、行列や、歩行者の通行を妨げるおそれのある人は、車道を歩かなければならない、という規定があります。

> **道路交通法**
> **第11条**　学生生徒の隊列、葬列その他の行列……及び歩行者の通行を妨げるおそれのある者で、政令で定めるものは、前条第2項の規定にかかわらず、歩道等と車道の区別のある道路においては、車道をその右側端……に寄つて通行しなければならない。

　行列は分かるとして、この規定にある「歩行者の通行を妨げるおそれのある者」とは、どういう人なのでしょうか。

　それは、**「道路交通法施行令」**に定められています。

**道路交通法施行令**

**第7条** 法第11条第1項の政令で定めるものは、次の各号に掲げるものとする。

三　象、きりんその他大きな動物をひいている者又はその者の参加する行列

　このように、車道を歩かなければならない人として、キリンを連れている人が挙げられています。

もしキリンとお散歩することになったときは、車道を歩こうね。ただし、キリンは脚の力がとても強くて、ライオンを蹴とばしちゃうこともあるそうだから、蹴られないように気をつけなきゃね。

## お弁当代はいくらまで？

わーいお弁当の時間だー！
ところで、お弁当の代金の上限を決めてる法律があるらしいけれど、どういうこと？

　**「公職選挙法」**では、選挙運動に従事している人には原則として飲食物を提供してはいけないと定められていますが、例外として、一定の額を超えないお弁当は、一定の人数分までなら提供できるとも書かれています。

**公職選挙法**
**第139条**　何人も、選挙運動に関し、……飲食物……を提供することができない。ただし、……選挙運動……に従事する者……に対し、公職の候補者……1人について、当該選挙の選挙運動の期間中、政令で定める弁当料の額の範囲内で、かつ、……15人分……を超えない範囲内で、選挙事務所において食事するために提供する弁当……については、この限りでない。

　ここでは、具体的な弁当料の上限額は政令で定めるとされています。そこで、**「公職選挙法施行令」**を見てみましょう。

## 〇お弁当代の上限額は政令に書かれていた

**公職選挙法施行令**
**第109条の2**　法第139条ただし書に規定する政令で定める
　　弁当料の額は、……選挙管理委員会……が第129条第1項
　　第1号の基準に従い定めた弁当料の額とする。
**第129条第1項第1号ホ**
　　弁当料　一食につき千円、一日につき三千円

　この条文を見ると、具体的な額は選挙管理委員会が
定めるとされていますが、その際の基準として、1食
につき1,000円、1日につき3,000円という規定があ
ります。

\ もっと /

トリビア

　お弁当代の上限に関する規定が設けられたのは、
1954（昭和29）年のことだったんだけれど、そのと
きは、1食100円と決められていたんだよ。それから
数年ごとに150円、200円、……と引き上げられてい
って、1992（平成4）年の改正で、今の「1,000円」
という額になったんだよ。

## 食べ過ぎを禁止している法律がある

 食べ過ぎたら、法律違反になるってホント！？　それはイヤでもダイエットになるね……。

### ○船員さんは、食べ過ぎてはいけない。

　船に乗る船員さんのことを定めた**「船員法」**には、船内の秩序を保つために、守らなければならない事項が挙げられています。

　その中に、船内の食料を食べ過ぎてはいけない、という規定も書かれています。

**船員法**
**第 21 条**　海員は、次の事項を守らなければならない。
　六　船内の食料又は淡水を濫費しないこと。

　このように、船内の食料や淡水をムダ使いしないこと、と定められています。

　陸から離れた海上では、食料や淡水をむやみに飲み食いしてしまうと、命の危険につながりますね。

## ○船内で食べ過ぎたらどうなる？

　さて、船員さんがこの決まりを守らなかったら、どうなるのでしょうか。

　**「船員法」**では、船長は、これらの決まりを守らない船員がいたら、港に着いても一定期間は上陸を禁止するなどの懲戒をすることができるとされています。

**船員法**

**第 22 条**　船長は、海員が前条の事項を守らないときは、これを懲戒することができる。

**第 23 条**　懲戒は、上陸禁止及び戒告の 2 種とし、上陸禁止の期間は、初日を含めて 10 日以内とし、その期間には、停泊日数のみを算入する。

\ もっと /

ト リ ビ ア

　船員法には、食べ過ぎを禁止する規定のほかにも、勝手に船を去ってはいけないとか、ひどく酔っぱらってはいけない、という規定もあるよ。海の上では、厳しいおきてがあるのね。

## 「ガムは噛んだら紙で包んでくずカゴへ」は、規則で決まっている？

このチューインガム、フルーティーでおいしいし、パッケージも可愛いね。
ところで、ガムのパッケージに何を書くか、決まりがあるんだって？

## ○「果汁入り」と表記するのは意外と難しい

　チューインガムを買うとき、果汁入りのものを好んで選ぶ方も多いと思いますが、「果汁入り」とパッケージに表示するには、果汁の使用量が一定の基準を満たさなければなりません。

**チューインガムの表示に関する公正競争規約**
**第4条第1項**　事業者は、チューインガムに、……の風味の特徴を示すもの（果物類等、……）の名称又は絵若しくは写真を表示する場合は、施行規則で定める基準によらなければならない。……
**第4条第2項**　事業者は、チューインガムに「果汁入り」……など特に表示する場合は、その使用量を併せて明示しなければならない。

　具体的な果汁の使用量は、以下のように定められています。

**チューインガムの表示に関する公正競争規約施行規則**

**第３条第１項**　規約第４条に規定する原材料の基準（果物類
　　等については、生ものに換算した重量）は、次に掲げると
　　ころによる。

　（1）　果物類等にあっては、全重量の３パーセント以上であ
　　　ること。


　つまり、原則として、果物がガムの全重量の３％以
上入っていなければ、「果汁入り」などと表記するこ
とはできないとされています。


## ○「かんだ後の措置」は必ず表示しなければいけない

　さて、チューインガムのパッケージを改めて見てみ
ると、「ガムをかんだ後はごみ箱に捨てましょう」と
いった文が書かれているのに気づきます。

　実はこれも規約で定められているのです。


**チューインガムの表示に関する公正競争規約**

**第３条第１項**　事業者は、チューインガムの容器包装……に、
　　次に掲げる事項をそれぞれ……施行規則……で定めるとこ
　　ろにより、見やすい場所に邦文で明瞭に表示しなければな
　　らない。……

　（11）　かんだあとの措置


　ここにいう「かんだあとの措置」について、施行規
則で文例が示されています。

**チューインガムの表示に関する公正競争規約施行規則**
**第2条第1項**

　(11)　かんだあとの措置

　　　　かんだあとの措置の表示は、「かんだあとは紙に包ん
　　　でくずかごに捨てましょう」などと表示する。

　　　　この条文には「などと表示する」と書
　　かれているから、「かんでからの〜、紙
　　に包んでからの〜、くずかごに捨てよ
　　う！」って書いてもよかったりして！？

## 銭湯に入る人が負う義務とは？

 銭湯に入る人が守らなきゃいけない義務が、法律に書かれているんだって！どんなことかな？

　家にお風呂がある人も、たまに銭湯に行ってみると、気分転換になっていいですよね。この銭湯ですが、**「公衆浴場法」**によると、公衆浴場の利用者は、浴槽を不潔にしてはならないとされています。

> **公衆浴場法**
> **第5条第1項**　入浴者は、公衆浴場において、浴そう内を著しく不潔にし、その他公衆衛生に害を及ぼす虞のある行為をしてはならない。

　このように、公衆浴場で入浴する人は、浴槽の中を著しく不潔にするなど、公衆衛生に害を及ぼすようなことをしてはいけないとされています。
　そして、そのようなことをする人がいるときは、公衆浴場の営業をする人は、それを制止しなければならないとも定められています。

**公衆浴場法**
**第5条第2項** 営業者又は公衆浴場の管理者は、前項の行為をする者に対して、その行為を制止しなければならない。

　さらに、入浴を断られたのに入浴してしまった人や、浴槽を不潔にしてしまった人には、拘留や科料といった刑罰が科されます。そして、営業者の方も、不潔な行為をする人を制止しなかったりした場合は、同じように刑罰の対象となります。

**公衆浴場法**
**第10条**　次の各号の一に該当する者は、これを拘留又は科料に処する。
　一　第4条又は第5条第2項の規定に違反した者
　二　第4条の規定により営業者が拒んだにもかかわらず入浴した者又は第5条第1項の規定に違反した者

　銭湯を不潔にすると、刑罰を受けるかもしれないんだ……！みんな、きれいに使おうね。

## 「タヌキ」と「ムジナ」

「ムジナ」ってどんな動物なの？　裁判にもなったらしいけれど……。

「同じ穴のムジナ」という言葉がありますね。一見違うように見えても、実は同じように悪いことをしている人、という意味の言葉です。

「ムジナ」というのは、見た目はタヌキに似ていますが、アナグマのことを指していて、タヌキとは別物であるといわれています。

### ○「ムジナ」は「タヌキ」？

さて、この「ムジナ」と「タヌキ」が同じものを指すのかどうか、裁判になったことがありました。

1925（大正14）年に大審院（最高裁判所の前身）で出された判決によると、次のような事例でした。

被告人は、狩猟の禁止されている時期に、山の中で、2頭のタヌキを穴に追いつめて捕獲したとして、起訴されました。

被告人は、自分が捕まえたのは「タヌキ」ではなく、「十文字ムジナ」という別の動物だと思っていた、と主張していましたが、専門家による鑑定では、被告人

が捕まえた動物の皮はタヌキの皮だったとされました。

　この事例について、判決は、

・被告人は自分の捕獲した動物が、捕獲の禁止されている「タヌキ」とは思っていなかった。

・日本では昔から「タヌキ」と「ムジナ」は別の動物だと考えられていたのだから、「ムジナ」を捕獲した人を罰しようとするのなら、法令で「ムジナはタヌキに含まれる」と定めておかなければならない。

という趣旨のことを述べて、被告人を無罪としました。

　このように、判決では、「タヌキ」と「ムジナ」は別の動物とされました。


## ○「モマ」は「ムササビ」？

　次に、似たような事件で、「モマ」という動物が「ムササビ」と同じものかどうかについて争われた裁判を見てみましょう。

　先ほどのタヌキ・ムジナ事件の判決が出された前年、1924（大正13）年に、次のような事例について、大審院の判決が出されました。

　被告人は、狩猟が禁止されている時期に3匹のムササビを捕獲したとして、起訴されました。

　これに対して、被告人は、自分が捕獲したのは「モマ」という動物で、これは「ムササビ」とは別物だと思っていた……と主張しました。

　しかし、判決は、タヌキ・ムジナ事件とは異なり、

被告人を有罪としました。

　「モマ」というのは、「ムササビ」を指す方言だからというのがその理由で、広く一般的に「モマ」が「ムササビ」とは別物だと思われていたわけではないという点が、タヌキ・ムジナ事件とは異なっていました。

 ぱっと見「どうして一方は無罪で、一方は有罪なの？」と思っちゃう判決でも、事例をよく見ると、事情が違っていることが分かるね。

## お皿に書いても「文書」？

「文書」っていうと、紙に文字を書いたものだよね？　それだけじゃないの……？

　誰かが自分の名前で勝手に借金の契約書を作ってお金を借りてしまうと、貸した人から自分のところに「金返せ！」と来られてしまい、大変なことになりますね。

　そのように、他人の名前で勝手に書類を作った場合は、文書偽造罪という犯罪になります。

**刑法**
**第 159 条**　行使の目的で、他人の印章若しくは署名を使用して権利、義務若しくは事実証明に関する文書……を偽造し、……た者は、3 月以上 5 年以下の懲役に処する。

　この文書偽造罪ですが、「文書」という言葉を見ると、紙に書かれた書類が対象になるようにも思えます。しかし、「文書」は紙に限られるわけではありません。

　明治時代の裁判ですが、他人の名前で、入札用の陶器の皿に入札額を書いて提出した人が、文書偽造罪に問われた事件がありました。

　このとき、広島控訴院（広島高等裁判所の前身）は、

これは文書ではないと判断しました。

　これに対して、上告審である大審院（最高裁判所の前身）は、これは「文書」であるという判決を出しました。その判決では、「文書」とは、文字などを使い、永続する状態で、物体の上に記載した意思表示のことをいう、と述べています。

　そして、法律上、どんな物に書くかは制限されておらず、入札用の陶器に書いた以上、文書偽造罪に当たるとされました。

 へえ、陶器に書いても「文書」なんだ！それと、昔は入札するときに陶器が使われていたのもびっくり！

## 法律は、地球の形も決めている？

　法律は私たちの社会の色々な決まりを定めているものですが、さすがに人類が誕生する前から存在している物体の形を法律が決めるなんてことは想像していませんでした。

　ところが、実は、地球の形を決めている法律を発見してしまいました！

 ちょっと何言ってるか分かんない。

　いえいえ、本当なんです！　さっそく見てみましょう。

　その法律は、**「測量法」**といいます。

　時々、道路や建設現場などで、測量器を真剣にのぞき込んでいる業者さんを見かけますね。

　**「測量法」**は、そのような測量を正確に、そして全国で統一された基準で行うように、色々な決まりを定めている法律です。

　測量が全国どこでも、誰がしても、統一した基準で行われるためには、大本をたどると、「地球の形はどうなっているか」というところまでさかのぼって決めておかなければなりません。

そのため、**「測量法」**は、まずすべての測量の基礎として、国土地理院が行う「基本測量」というものを定めています。

> **測量法**
> **第4条** この法律において「基本測量」とは、すべての測量の基礎となる測量で、国土地理院の行うものをいう。

また、国や地方公共団体が費用を出して行われる測量などを、「公共測量」と呼んでいます。

> **測量法**
> **第5条** この法律において「公共測量」とは、基本測量以外の測量で次に掲げるものをいい、……
> 　一　その実施に要する費用の全部又は一部を国又は公共団体が負担し、又は補助して実施する測量

そして、これらの「基本測量」や「公共測量」は、「測量の基準」に従って行わなければならないと規定しています。

「測量の基準」には、測量にとって大事なことがいくつか示されていますが、中でも特に大切なのは、「位置」をどのように決めるかということでしょう。

測量する地点が地球上のどの位置にあるかが統一的な基準で決まっていないと、正確な測量ができませんね。

位置を決めるといえば、経度と緯度だよね！

　そうですね。位置は、経度と緯度、そして「平均海面からの高さ」の三つの要素で示すこととされています。

測量法
第 11 条第 1 項　基本測量及び公共測量は、次に掲げる測量の基準に従つて行わなければならない。
　一　位置は、地理学的経緯度及び平均海面からの高さで表示する。……

　このうち経度と緯度は、「世界測地系」というものに従って測定しなければなりません。

測量法
第 11 条第 2 項　前項第 1 号の地理学的経緯度は、世界測地系に従つて測定しなければならない。

　そして、「世界測地系」によると、経度・緯度の測定は、地球の形を「回転楕円体」、つまり楕円を回転させた立体と想定して行うものとされています。

**第11条第3項** 前項の「世界測地系」とは、地球を次に掲げる要件を満たす扁平な回転楕円体であると想定して行う地理学的経緯度の測定に関する測量の基準をいう。

　一　その長半径及び扁平率が、地理学的経緯度の測定に関する国際的な決定に基づき政令で定める値であるものであること。

　二　その中心が、地球の重心と一致するものであること。

　三　その短軸が、地球の自転軸と一致するものであること。

どうして、円じゃなくて楕円を回転させたものなの？

　実は地球の形は、南北方向の長さよりも赤道方向の長さの方が300分の1くらい膨らんでいます。

　そこで、地球の形を、楕円を回転させたものと想定しているわけです。

　その膨らんでいる割合については、**「測量法」**の下にある**「測量法施行令」**という政令が、国際的な決定に基づいて、地球の膨らんだ方向の軸の長さ（長半径）を約638万メートル、膨らんでいる率（扁平率）を約298分の1と定めています。

測量法施行令

**第3条**　法第11条第3項第1号に規定する長半径及び扁平

率の政令で定める値は、次のとおりとする。

一　　長半径　　637 万 8137 メートル

二　　扁平率　　298.257222101 分の 1

つまり、地球は楕円を回転させた形だ
という前提を立てて、測量をしようとい
うことなのね。

## 校長先生は、卒業証書を渡す義務がある？

　学校を卒業するとき「卒業証書」をもらいますね。この卒業証書は、ただの思い出のための物ではありません。法律を見てみると、卒業証書には重要な効力があることが分かります。

### ○卒業証書を渡すことは、校長先生に義務付けられている

　**「学校教育法施行規則」**という省令によると、小・中・高校、大学の課程を修了した人に卒業証書を授与することは、校長先生の義務だと規定されています。

 へぇ～！　校長先生って、好意で卒業証書をくれてるのかと思ってた。義務なんだね！

**学校教育法施行規則**

**第58条**　校長は、小学校の全課程を修了したと認めた者には、卒業証書を授与しなければならない。

**第79条**　……、第54条から第68条までの規定は、中学校に準用する。……

**第104条第1項**　……、第56条の5から第71条まで……の規定は、高等学校に準用する。

**第173条**　第58条の規定は、大学に準用する。

このように、まず小学校の卒業証書についての規定があり、その規定が、中学校・高校・大学に準用されています。

## ○海技試験を受ける人は、卒業証書の写しを提出してください

大型船舶の乗組員になろうとする人は、海技試験という試験を受けて、海技士の資格を得ます。

この試験を受けようとするときは、大学や高校などの卒業証書の写しなどを国土交通人臣に提出することとされています。

> **船舶職員及び小型船舶操縦者法施行規則**
> **第37条第１項** 海技試験を申請する者は、……海技試験申請書に……次に掲げる書類……を添えて、……国土交通大臣に提出しなければならない。
> 四 第26条第１項……に規定する学校を卒業し、又は修了した者にあつては、卒業証書の写し……

## ○卒業証書を渡していないと、法人税が課されるかも？

学校法人が収益事業を行うと、法人税が課されます。ということは、何が「収益事業」に当たるかが大事になってきます。

ここで、音楽や演劇、料理など（技芸）の授業は、法令で定められた要件を満たせば、収益事業の範囲外

だとされています。

　収益事業の範囲外となるための要件は、**「法人税法施行規則」**という省令に定められているのですが、その中に、生徒の技芸の成績評価に基づいて卒業証書などが授与されていること……という要件が挙げられています。

　つまり、卒業証書を渡していないと、技芸の授業が収益事業とされて、法人税が課されるかもしれないというわけです。

**法人税法施行規則**
**第7条**　令第5条第1項第30号イ（技芸教授業）に規定する財務省令で定めるものは、次の各号に掲げる事項のすべてに該当する技芸の教授とする。
　六　その生徒について所定の技術を修得したかどうかの成績の評価が行なわれ、その評価に基づいて卒業証書又は修了証書が授与されていること。

卒業証書って、もらう方にとっても、渡す方にとっても、大事なものなんだね。

## 重婚って、どうやったら起きるの？

 「重婚」って 2 人の人と同時に結婚すること？でも既婚者が別の婚姻届を出しても、役所が調べるから、実際はムリでしょ？

「**民法**」には、複数の人と同時に婚姻することはできないと定められています。

また、「**刑法**」では、重婚は犯罪とされています。

**民法**
**第 732 条**　配偶者のある者は、重ねて婚姻をすることができない。

**刑法**
**第 184 条**　配偶者のある者が重ねて婚姻をしたときは、2 年以下の懲役に処する。その相手方となって婚姻をした者も、同様とする。

　この重婚罪に問われた人の実例を見てみましょう。
登場人物は、夫：X さん、1 人目の妻：A さん、2 人目の妻：B さんの 3 人です。
　この人たちの間に、次のような出来事がありました。

- ■ 1943（昭和18）年頃：XとBが知り合い、1人目の子どもが生まれるが、XとBは結婚せず別れる。
- ■ 1951（昭和26）年：XとAが結婚。
- ■ 1954（昭和29）年頃：XとBがよりを戻し、XはAの元を離れ、Bと同居を始め、Bとの間に2人目の子どもが生まれる。
- ■ 1959（昭和34）年：Xが、Aの知らないうちに離婚届を出す。同時に、XとBの婚姻届も出す。それに気づいたAが離婚無効の訴えを起こし、その訴えが認められ、離婚が無効となる。

## ○判決の内容

　Xさんは重婚罪に問われ、「Aとの婚姻は戸籍上抹消されたから、二重に婚姻したことにはならない」と主張しましたが、名古屋高等裁判所は1961（昭和36）年、「Aの知らないうちに虚偽の離婚届が出されたので、XとAとの婚姻はまだ続いている。その状態でBと婚姻したから、二つの法律婚が重複した状態になる」と判断し、Xさんに重婚罪が成立すると判決しました。

ウソの離婚届を出して、別の人と結婚したら、その離婚はナシよって言われちゃったから、二重に結婚したことになったのね。

# 「令和」は、なぜ「れいわ」と読むの？

去年から元号が「令和」になったけれど、「令和」と書いて「のりかず」さんと読む人とかニュースになったよね！　あの漢字は「れいわ」って読むことがどこかで決まっているの？

「令和」という元号が、2019（平成31）年４月１日に官房長官の記者会見で発表されたのですが、あの記者会見が、「令和」という元号の法的に正式な発表だったのでしょうか。

法的には、あの記者会見の前に元号を改める政令が閣議で決定され、その日のうちに官報に掲載されたことをもって、新元号が正式に国民に知らされたということになります。これを「公布」といいます。

当日に出された官報の特別号外を見てみると、次のように政令が掲載されています。

**元号を改める政令（平成31年政令第143号）**
　元号を令和に改める。

政令というのは、総理大臣をはじめとして、各大臣が集まって開かれる閣議で決定される、政府としての

命令です。

　その政令によって、政府として正式に元号を「令和」と決定したことになります。

　しかしこれだけだと、いつからこの元号が使用されるのか分かりませんね。

　それは附則に書かれています。

**元号を改める政令（平成 31 年政令第 143 号）**
　**附則**　この政令は、天皇の退位等に関する皇室典範特例法……の施行の日（平成 31 年 4 月 30 日）の翌日から施行する。

　このように、天皇の退位に関して皇室典範の特例を定めた法律が、退位の日である 4 月 30 日に施行され、その翌日である 5 月 1 日から、元号を改める政令が施行されると規定されています。

　この政令は、元号を「令和」に改めるという条文になっているので、政令が施行される 5 月 1 日に、元号が「令和」に改められたというわけです。

　さて、記者会見で、官房長官は、「新しい元号は『れいわ』であります」と発言してから、「令和」と書かれた色紙を掲げました。

　あの「れいわ」という読み仮名は、どこに定められているのでしょうか。

　「令」という字は、「大宝律令」のように「りょう」と読むこともできますね。それに、「令和」と書いて

「のりかず」と読ませる名前の人もいます。

　ということは、「りょうわ」や「のりかず」でなく「れいわ」と読むということが、どこかで定められていなければなりません。

　そこで、再び 2019 年 4 月 1 日付の官報を見てみると、先ほどの政令に続いて、次のような告示が掲載されています。

---

**平成 31 年内閣告示第 1 号**
　元号を改める政令……の規定により定められた元号の読み方は、次のとおりである。

　　令和

---

　このように、内閣の告示で定められたため、「令和」は「れいわ」と読むわけです。

ふりがながふってあったんだ！

# 財務省

## 〜なぜ「すいか」は「メロン」なの？

『法律トリビア大集合』※って本に、「すいか」は「メロン」って書いてあったよ！「関税定率法」っていう法律に書いてあるらしいんだけれど…。

　世の中にどれほど多くの種類の「物」があふれているかを知りたいときは、「関税定率法」を見てみるとよいでしょう。この「関税定率法」は、貿易で日本に輸入される品物にそれぞれどれくらいの関税をかけるかを示す法律です。

　関税の税率は品物によって異なるため、この法律の最後には長い長い別表がついていて、世の中に存在するありとあらゆる物品が、細かく分類されて掲載されています。

　この表を眺めていると、例えば、「すいか」が「メロン」に含まれていたり、アイスクリームについては、ココアが含まれているか否かを問わないという注釈が付けられていたり、戦車も書かれていたりと、興味深いことがたくさん出てきます。

※第一法規 法律トリビア研究会著『法律って意外とおもしろい　法律トリビア大集合』（2017 年、第一法規）

そういう細かい分類って、誰がどんなふうに決めているの？

気になりますよね。そこで、関税を所管している財務省に行ってきました！

「関税定率法」は、財務省の関税局が所管しています。

今回、関税局業務課で、品目分類のお仕事をされているＡさんにお話を伺いました。

### ◆関税定率法の品目分類には、さらに詳しい分類がある

──「関税定率法」には、とてもたくさんの品物の分類が載っていますね！

そうですね。でも、輸入通関に係る品目分類の世界では、実は「関税定率法」に書かれている以上に、もっと細かく品物が分類されているんですよ。

──そうなんですか！

「輸入統計品目表」という表があります。この表は、関税定率法の別表である「関税率表」をもっと詳しく分類して、輸入に関する統計に活用できるようにしたものです。また、「輸出統計品目表」というものもあります。

関税率表と輸出入統計品目表はいずれも、日本が加入している通称「ＨＳ条約」と呼ばれる「商品の名称及び分類についての統一システムに関する国際条約」で定められた分類に基づいています。

　日本の場合は、世界共通であるＨＳ品目表（各品目に6桁数字を割り当て）をベースに、より細かく関税率表で税率を設定しています。また、輸出入統計品目表では、関税率表を更に細分化した上で、各品目に3桁の数字（統計細分）を付加し、合計9桁の番号を各品目に割り当てています。

　上記の様な設定は各国独自に行っており、例えば、米国の関税率表（Harmonized Tariff Schedule）やＥＵのＥＵ統合関税率（TARIC）においては、ＨＳ品目表（6桁）に加え、関税率設定のために2桁、統計等のために更に2桁を付加し、合計10桁の番号が各品目に割り当てられています。

### ◆品目表は定期的に大改正される

**―― 分類は、一度決まるとずっと変わらないのですか。**

　「輸出入統計品目表」は、国際貿易構造の変化や貿易・産業政策の転換に応じ、また統計の連続性、税関手続きの簡素化という点も考慮して、例年、1月1日施行で改正されます。また、通常4月1日に施行される、毎年度の関税改正に合わせ、必要に応じて輸出入統計品目の改正を行います。

　なお、関税率表や輸出入統計品目表の基礎となっている

HS条約の「HS品目表」は、技術革新や国際貿易の態様の変化等に対応する目的で、およそ5年ごとに改正されて、新規品目が追加されたり、一部の分類構造が変更されたりします。このため、日本の「関税率表」及び「輸出入統計品目表」も同じタイミングで同様の改正を行うことになります。次の「HS品目表」の改正は2022年1月1日に実施されます。

### ◆すべての税関で、同じ物品には同じ分類が適用されることが必要

—— これらの表に関して、どんなお仕事をされているのですか。

国内向けの業務と、国際的な業務とがあります。

国内向けの業務としては、先ほどお話しした「輸出入統計品目表」の見直し（改正）のほかにも、品目分類は輸入貨物に課される関税の適用税率等を決定するための主な要素の一つであるため、貿易関係の方に正しい品目分類に基づいた適正な申告を行って頂くことができるような基盤づくりをしています。その際には、輸入者が予見可能性を持って安定的に貨物を輸入できるように、税関による適正かつ統一的な実施を確保することが極めて重要になります。

このため、「関税率表解説」、「分類例規」、「分類事例」などのツールを作成し、公開・メンテナンスをしています。これらのツールは税関ホームページ（http://www.customs.go.jp/）の「ピックアップ」欄にある「実行関税率表」、「関税率表解説・分類例規」、「品目分類（回答事例）」、「輸入貨

物の品目分類事例」から参照できます。

　また、具体的な貨物の輸入を考えている者又はその他の関係者が、輸入前に税関に対して、品目分類や関税率等についての照会を、原則として文書で行い、文書により回答を受けることのできる制度（事前教示制度）を整備しています。

　しかしながら、時にはどこに分類すればよいのか容易に判断できない物品に出くわすことがあります。

—— 例えば、最近ではどんな事例がありますか。

　身体サイズ計測用の衣服と称する品物がありました。これは衣服なのか、それとも計測器なのか、ということが議論され、この物品自体が着用した者の体型を計測する機能を有しているわけではないため、衣服として分類することで結論付けられました。

—— 判断に迷う品物があったら、税関ではどのようにするのですか。

　輸出入通関でそのようなケースがあった場合、通関部門は、各税関の本関※に設置された関税分類を専担する首席関税鑑査官等と協議し処理することになります。

　※支署・出張所には、品目分類担当者を配置しているところもあります。

　ただし、より慎重に検討する必要があると判断された場合には、全国の関税鑑査官部門を総括する分類センター（正式名称は、総括関税鑑査官）と協議し分類を決定すること

になります。分類センターは、必要に応じて関税局業務課に報告することになります。

　なお、税関では内部職員向けに、分類セミナーや研修の実施、分類関係の情報共有等を行っている他、関税局業務課の主催で、分類センターを含む、各税関の関税鑑査官を対象とした会議を開催し、国内の分類取扱い及び WCO 会議結果の共有等を通じて、全国 9 つの税関で統一的な分類が行われるように努めています。

### ◆なぜ「すいか」は「メロン」なのか

—— これだけ膨大な物の分類をするには、みなさん幅広く、品目分類の知識をお持ちなんでしょうね。

　時代の変化とともに、新しい物品がどんどん現れるので、文献やインターネットなどから情報収集を行う他、時には、他の公的機関等に相談させて頂くこともあります。

—— 生物については、学名が掲載されたりしていますね。

　品目表には区分（品目）の範囲を明確にするために、科名や属名、特定の種名（学名）を示したところがあります。私自身は、過去に農水産品の種判別の研究をしていたことがあるのですが、当時の研究に関連した生物の学名が載っていたりして、なかなか興味深いですね。

—— 関税率表の第 08・07 の項を見ると、「すいか」が「メロン」に含まれていると書かれていますね。関税率表をみていたときに、この部分に目が止まりました。「すいか」は

英語で「ウオーターメロン」と呼ばれているように、近いものと認識されているようですし、植物学の点でも、「メロン」も「すいか」もウリ科の植物なので、そうしたことを考慮してこのように書かれたのかな、と推測しているのですが……。

　HS品目表上の区分については、社会的な通念のほかに、植物学の分類が考慮されている部分もあります。メロンの分類についてもおそらく当時の検討において、植物学の分類も考慮され、この様に決めたものと思われます。

（参考：関税定率法の該当部分と、その経緯は以下のとおり）

| 番　　号 | 品　　名 |
|---|---|
| 08・07 | パパイヤ及びメロン（すいかを含む。）（生鮮のものに限る。） |
| | 　メロン（すいかを含む。） |
| 0807・11 | 　　すいか |
| 0807・19 | 　　その他のもの |
| 0807・20 | 　パパイヤ |

（「すいか」と「メロン」をめぐる経緯）

　「メロン」は1976（昭和51）年の関税率表で初めて国内細分として登場します。当時の関税率表のベースであった関税協力理事会品目表（CCCN）には「メロン」の細分はありませんでしたが、その後、1988（昭和63）年にHS条約の発効を受け、同条約（HS品目表の記載）にあわせて法律改正により関税率表に「メロン（すいかを含む。）」と規定されました。

#### ◆分類の国際的な調和を図るには

―― 国際的な業務としてはどんなことをされていますか。

　ある品物を、国によって異なる分類にしていては、貿易関係者が関税や手続き等※に関する予見性を持って国際的な取引をすることができなくなってしまい、円滑な貿易が阻害されます。このため、輸出入貨物の分類は国際的に統一されたものであることが重要です。

　※輸出入貨物の分類に関連付けて各国で国内法が制定されている場合があるため。

　国際貿易の98％を超える取引にＨＳ条約の附属書であるＨＳ品目表に記載されたＨＳコードが利用されています。輸出入貨物のＨＳコードは、その貨物をＨＳ品目表の区分（品目）に当てはめる作業（「ＨＳ分類」と呼ばれています）により得られます。

　ＨＳ分類は、現在、212か国地域（2020年2月時点）で利用されていますが、ある品物について国毎に異なる分類がなされると問題が生じます。

　例えば、輸出者が国内の分類から1％の関税ですむと考えて輸出した物品が、輸入国側で異なる品目に分類された結果10％の関税がかかったりすると、輸出者及び輸入者双方が混乱してしまいますから、同じ品物はどの国でも同じ分類が適用されるように統一化が図られなければなりません。

―― その統一化はどのようになされるのですか。

　ＨＳ条約に従い、まずは、問題が生じた締約国同士よる

交渉で解決を図ることになります。それで解決できないときは、締約国から、ＨＳ条約に基づき設置されたＨＳ委員会に対して議題として取り上げ、分類決定するように求めることになります。

　ＨＳ委員会は、「ハーモナイズドシステム委員会」といいます。日本語では「統一システム委員会」と呼ばれ、年２回ＷＣＯ（世界税関機構）本部で開催されます。


#### ◆ＨＳ品目表のメンテナンス〜新たな品目が追加されるには〜

―― どんな品目がＨＳ品目表に記載されるのですか。

　約５年毎に行われるＨＳ品目表の改正の際、貿易額が僅少で統計ニーズが乏しい品目は廃止対象とされます。

　一方で、貿易額が多い等、統計ニーズが明確で、かつ識別可能な物品については、締約国からＨＳ品目表の新たな品目として追加することを要望できます。


―― 日本からは、最近どんな品物の分類を提案したのですか。

　日本からは、2012年の改正で、リチウム・イオン蓄電池の細分の新設を提案しました。また、ＣＤやＤＶＤといった光学媒体を、記録したものと、記録していないものとに分ける提案をし認められています。これらは、産業界からの要望を考慮したものです。

—— 日本ならではの品目を提案したことはありますか。

　輸出振興の一環として、2017 年の改正で、日本酒の清酒について、ＨＳ品目表の 22.06 項の規定「その他の発酵酒」の例示に追加することを要望し、認められました（ＨＳ品目表では"Saké"と記載）。

　この提案をしたときは、他国にどのような物品であるか理解してもらうために、会議で実サンプルを提示し、その適切性を説明しています。

| 番　号 | 品　名 |
|---|---|
| 22・06<br>2206・00 | その他の発酵酒（例えば、りんご酒、梨酒、ミード及び清酒）……<br>……<br>二　その他のもの<br>　（一）　清酒及び濁酒 |

—— 食べ物については何かエピソードはありますか。

　ある締約国の要望により、ＨＳ委員会で冷凍のカレーライスの分類について議論されたことがあります。

　これはカレーのパックとご飯のパックとに分かれているもので、重さの比率はご飯が 49.1％、カレー（鶏肉のカレー）が 50.9％ というものでした。

　問題となったのは、これが肉の調製品なのか米の調製品なのかということでした。

　肉の調製品であると主張する国は、「ご飯よりカレーの方が重量があること」を理由にあげ、一方で米の調製品であ

ると主張する国は、「本品は混ぜて食べるものであり、混ぜ
ると肉の含有量が全体の20％を下回るので、ＨＳの規定に
より、肉の調製品にはならず、ご飯が最大成分を占めるの
で、米の調製品に分類されるべき」という理由でした。

　この議論は、分類の裁決と、その結果に反対する国から
の異議が複数回繰り返され、最終的に米の調製品に結論付
けられるまで、議論開始から２年半を要しています。

　分類決定は各国の従前からの取り扱い、ひいては適用さ
れる関税率にも影響することがあるので、品目によっては
各国とも非常に慎重になる場合があります。なお、この物
品の分類は、2018年7月下旬から税関ＨＰの国際分類例規
「1904.90 5.」に掲載されています。


――　国によってどの品目にどれだけの関税率を設定する
かが異なるので、そのような攻防が行われるのですね。

　そのほかに締約国からの異議が繰り返された例としては、
太陽光発電モジュールの分類があります。これは、光電性半
導体デバイス（85.41項）として分類するか、発電機（85.01
項）として分類するかが議論されました。

　関税率表解説第85.41項の(B)(2)に記載されているとおり、
装置の中に電流の向きを制御するダイオードを取り付けた
太陽電池のモジュールは発電機とみなされるのですが、こ
こで問題となったのは、検討物品に組み込まれたバイパス
ダイオードというものをどう考えるかでした。

　本品については、このバイパスダイオードが太陽電池の
一部に不具合生じた場合に、そこに電流が逆流しないよう

に保護する素子であり、電流の向きを制御するものに当たらないことから、光電性の半導体デバイス（85.41項）として分類決定されましたが、ある締約国はこの分類を不服として複数回異議を唱え、その結果、この物品も分類が確定するまでに長期間を要しています。

電気電子製品は、ＩＴＡ（情報技術協定）でＨＳ分類にリンクして関税無税になる品目もあることから、各国の関心が高い分野の一つといえます。なお、この物品の分類についても、2018年7月下旬から税関ＨＰの国際分類例規「8541.40 2.」に掲載されています。

―― 当事国にとっても、譲れないところだったのですね。

◆品目分類は、時代を映す
―― 1回の委員会で、何件くらいの品目について議論がされるのですか。

1回の委員会につき60件から80件程度の議題があり、数十の個別物品の分類が決定されています。

―― 今も、どんどん新しい品物が登場しているのですね。

ＨＳ委員会で議題される物品を見ていると、時代の移り変わりを感じます。

例えば、2017年のＨＳ改正では、ハイブリッド自動車（8702.30号など）の区分が新設されていますが、これは産業界からの要望を考慮し、日本からＨＳ品目表に追加することを提案し、ＨＳ委員会で認められたものです。

| 番　　号 | 品　　名 |
|---|---|
| 87・02 | 10人以上の人員（運転手を含む。）の輸送用の自動車 |
| 8702・30 | 駆動原動機としてピストン式火花点火内燃機関（往復動機関に限る。）及び電動機を搭載したもの |

　また、最近では、スマートフォンをセットして３Ｄゲーム等を楽しむヘッドセットや、ドローンなどの分類が議論されました。ＨＳ委員会における、特に電気電子機器の分類の議論を見ていると、時代の移り変わりを反映しているように思います。

　最近の電気電子機器には様々な機能が付いています。例えば、スマートフォンには、カメラ、電話、無線ネットワーク、アプリの実行など、多くの機能がついていますね。このような多機能機器をどう分類するかがしばしば問題になります。

　スマートフォンの分類についてはＨＳ委員会で既に分類決定されていますが（2019年2月下旬から税関ＨＰの国際分類例規「8517.12 1.」に掲載）、このような多機能機器の分類は、関税率表の第16部の注3に「二以上の機械を結合して一の複合機械を構成する物については、主たる機能に基づいてその所属を決定する。」と規定されていますので、これに基づき検討することになります。

　スマートフォンの分類では、データ処理能力を主たる機能と考え、「自動データ処理機械（84.71項）」として分類する案と、携帯・無線回線網を利用した音声・データ送受信

が主たる機能と考え、「電話機（85.17項）」として分類する
案があり、結果として、後者が主たる機能であると結論付
けられています。

| 番　号 | 品　名 |
|---------|--------|
| 84.71 | 自動データ処理機械…… |

| 番　号 | 品　名 |
|---------|--------|
| 85.17 | 電話機（携帯回線網用その他の無線回線網用の電話を含む。）及び…… |

## ◆新たな品物の分類は、どのように周知されるの？

—— ある物品の品目分類がHS委員会で決定されると、そ
れはどのように周知されるのですか。

　個別物品についてHS委員会で分類が決定されると、H
S条約に従い、その後、約2か月の間に締約国から異議がな
ければ、正式な決定となります。この分類決定がWCO事
務局から通知された後、関税局で翻訳を行い、税関のホー
ムページ（HP）で公開し、一定の周知期間を設けてこの
分類決定を適用しています。税関では、この分類決定の適
用に先立ち、通関業者等に説明する機会を設けています。

## ◆国際的な協力が不可欠

—— 他国との間で分類の統一を図るために、協力している
ことはありますか。

　海外技術協力として、関税局及び税関は、相手国からの
要請に基づき、途上国の税関職員を受け入れ、HS分類の
研修を実施している他、1～2週間程度海外の途上国税関

に日本から数名の職員を派遣し、現地にてワークショップ形式等でHS分類に関する研修を実施することもあります。また、WCOが主催する地域ワークショップ等にも関税局及び税関から職員を派遣し、世界の地域レベルでのHS分類に係る技術・知識の向上に貢献しています。

世界中で同じものが同じように分類されることは、日本の貿易関係者が予見性を持って取引を行う上で大切なことですので、こうした技術交流を通じてHS分類の共通理解が深まることはとても重要なことといえます。

なお、税関研修所や各税関のHPにおいて、海外税関職員の受け入れ研修等について広報していますので、興味があれば見て頂きたいと思います。


◆**正確な分類には広い視野を。税関HPにおける関税分類に関する情報を充実させていきますので、ぜひ見てください！**

── せっかくの機会ですので、何かPRしたいことがありましたら、お願いします。

品目分類は、言葉面だけ見て考えると思わぬ間違いをすることがあります。

例えば、関税率表の第19類には、「穀粉の調製品」が分類されますが、ここでいう「穀粉」という用語には注意が必要です。第19類の注2には、第19.01項における用語の意義を示しており、その(b)において、「穀粉」及び「ミール」を定義しています。

**第 19 類**　穀物、穀粉、でん粉又はミルクの調製品及びベーカリー製品

注2　第 19・01 項において次の用語の意義は、それぞれ次に定めるところによる。

(b)　「穀粉」及び「ミール」とは、次の物品をいう。

(1)　第 11 類の穀粉及びミール

(2)　他の類の植物性の粉及びミール（乾燥野菜（第 07・12 項参照）、ばれいしよ（第 11・05 項参照）又は乾燥した豆（第 11・06 項参照）の粉及びミールを除く。）

　この規定によると、第 19.01 項における「穀粉」は、第 11 類の穀粉だけでなく、乾燥野菜、ばれいしょ又は乾燥した豆の粉を除く「植物性の粉」も含むことになります。ここでいう「乾燥野菜」等の除外には何が該当するのかについては、例えば、「乾燥野菜」の場合は第 07・12 項の規定及び第 7 類の注 3 を確認することになります。

　このように、第 19 類の表題や第 19.01 項の規定のみを見て、19.01 項の「穀粉」＝「穀物の粉」と誤解してしまうと、思わぬ分類誤りに繋がりかねないので注意が必要です。

　品目分類を適切に行うには、品目表にある関連する規定を漏れなく確認することが重要です。難しく感じる部分もあると思いますが、税関ＨＰには、関税率表の解釈を示した「関税率表解説」、具体的な物品等の分類を示した「国際・国内分類例規」、「事前教示回答事例」及び「輸入貨物の品目分類事例」を掲載していますので、輸出入貨物の分類が必要な場合には、まずはこれらの情報を参照して頂き

たいと思います。

　税関ＨＰの品目分類に係る情報は今後も充実させていく予定ですが、多くの方々にとって有用と思われる具体的な要望がありましたら、お待ちしております。

―― 最後に、読者にメッセージをお願いします。

　関税率表や品目分類という言葉自体、一般の方には馴染みのないものと思いますが、この記事を通じて、実はＨＳ条約の共通ルールのもと諸外国と繋がっており、税のためだけではなく、正確な貿易統計を得るための基礎であることに加え、日本の産業の国際的な発展を支援する側面もあることをご理解頂けると幸いです。

　関税率表の品目分類が時代を映すっていうお話が、とても印象に残ったね。それと、国際会議でいろんな物の分類を話し合うときに、国同士で色々思惑がからむから、すごい緊迫した雰囲気なんだろうね。
　法律って、条文だけじゃなくて、その背景を知ると、もっと面白くなるんだね！

# 第2章

古今東西、
法律で世の中を見てみると

法律には、北海道の寒さとか、南九州の土の種類とか、全国のいろんな場所のことが書いてあるんだって！　法律を見るだけで、旅する気分になれるよね！

　旅といえば、この章では、法律で鉄道のことも勉強できるらしいんだけれど、どういうことなのかな……？

# 法律で全国めぐり

北海道で暖かい家を建てるための法律

北海道の人って意外と寒さに弱いって
聞いたことがあるよ。家の中が超暖かい
んだって！何か秘密があるのかな？

　冬の北海道では、住宅の中で暖房をフル稼働させて
も、壁や窓がその熱を外に逃がしてしまったらなんに
もならないですね。

　そこで、北海道については、住宅の防寒性能につい
て定めた**「北海道防寒住宅建設等促進法」**という法律
があります。

　この法律は、北海道の気象に適した居住条件を確保
することによって、北海道の開発に寄与したり、災害
を防止したりすることを目的としています。

**北海道防寒住宅建設等促進法**
**第1条**　この法律は、北海道における寒冷がはなはだしいこ
　　とにかんがみ、防寒住宅の建設及び防寒改修を促進するこ
　　とにより、その気象に適した居住条件を確保し、もつて北
　　海道の開発に寄与し、あわせて北海道における火災その他

の災害の防止に資することを目的とする。

そして、「防寒住宅」の定義とは、北海道の気象に適した、寒さを防ぐ構造・設備を備えた住宅であるとしています。

**北海道防寒住宅建設等促進法**
**第2条**
　二　防寒住宅　北海道の気象に適した防寒的な構造及び設備を有する住宅をいう。

さらに、防寒住宅の建設などに関して研究を行ったり、普及をしたりする地方公共団体に対し、国が補助金を交付することができると規定されています。

**北海道防寒住宅建設等促進法**
**第4条**　国は、防寒住宅の建設……に関し、左に掲げる事業を行う関係地方公共団体に対し、……補助金を交付することができる。
　一　試験研究
　二　巡回指導、資料の展示、出版物の配布、講習会の開催その他の普及事業
　……

北海道の人達が快適に冬を過ごせるように、法律で配慮されているんだね。

## 青森県久六島をめぐる熱い争い

 次は青森県へ行ってみよう！「久六島」っていう島のための法律があるっていうんだけれど、何が書いてあるのかな？

　久六島は、青森県西津軽郡深浦町に属する島で、青森県の日本海側から西へ約 30 キロメートルの場所にある小さな島なのですが、この久六島という島について定めた法律があります。

　それは、**「久六島周辺における漁業についての漁業法の特例に関する法律」** です（以下、**「久六島特例法」** と呼びます）。

　この法律は、今から 70 年ほど前の 1953（昭和 28）年に定められたものですが、どんな事情があったのでしょうか。

　まずは条文を見てみましょう。

**久六島周辺における漁業についての漁業法の特例に関する法律**
1 　農林水産大臣は、久六島……周辺の……海域における漁業につき、漁業調整上特に必要があると認めるときは、当該海域内にある漁場を管轄する県知事の漁業法……に基く権限の全部又は一部を行うことができる。

108

　2　農林水産大臣は、前項の規定により県知事の権限を行う
　場合には、その旨を告示しなければならない。


　この法律は、題名にもあるように、**「漁業法」**という法律の特例を定めたものです。

　**「漁業法」**には、漁業を行う人に対して、県知事が漁業権の免許を与える権限をもっていることが定められていますが、この**「久六島特例法」**には、久六島周辺の海域について、必要ならば農林水産大臣が県知事の権限を行使できるという特例が書かれています。


### ○どんな事情があったの？

　この法律が作られる前、久六島はまだどの県にも属していない土地でした。そして、青森県と秋田県との間で、久六島周辺の漁業権をめぐる争い、さらには久六島をどちらの県の土地とするかという争いがあり、1951（昭和26）年、青森県、秋田県ともに、県議会で久六島を我が県の土地とすべきであるとの決議を行い、国に交渉してきたのです。

　しかし、当時の**「地方自治法」**には、所属未定地域の編入を解決するための規定がありませんでした。そこで、1952（昭和27）年の同法改正により、どの自治体にも属していない地域については、内閣が、利害関係のある自治体の意見を聴いた上で、どの自治体に編入するかを決める、という規定が設けられました。

それが次の規定です。

その翌年の1953（昭和28）年には、青森県・秋田県・水産庁の三者による協議の結果、久六島が地方自治法の規定により青森県に編入されることに伴い、漁業権について、

・漁場を管轄する青森県知事が免許などの権限を行使することになるけれども、両県の漁業従事者に不安のないようにすること。

・もし紛争が生じたときは農林大臣（現在は農林水産大臣）が権限を行使することとする。そのために必要な法律を作ること。

という合意が交わされました。

これを受けて、「久六島特例法」の案が国会で審議、可決され、同年8月に公布・施行されました。

## ○そして久六島は青森県になった

その後、同年10月15日に、久六島は青森県に編入

されました。その際に公布された告示が、以下のもの
です。

> **久六島を都道府県の区域に編入する処分（昭和 28 年総理府
> 告示第 196 号）**
> 　内閣は、地方自治法第 7 条の 2 第 1 項の規定により、昭和
> 28 年 10 月 15 日から、久六島……を青森県の区域に編入する
> ことに定めた。

## ○その後、争いはあったの？

　「**久六島特例法**」の第 2 項には、農林水産大臣が直
接権限を行使する場合は告示しなければならないと規
定されていますが、現在に至るまで、国が乗り出さな
ければならないほどの争いは起きておらず、その告示
は出されていません。

　この久六島をめぐる議論があったことについては、
後年、十和田湖や八郎潟干拓地の所属をめぐる議論や、
小笠原諸島の返還後の所属について国会で議論された
際も、話題に上りました。

## 軽井沢の住民投票で決まった法律

 次は、軽井沢に行ってみよう！　軽井沢だけに使われる法律があるっていうんだけど、どんな法律なのかな……？

## ○軽井沢町だけに適用される法律

　長野県北佐久郡軽井沢町。夏は避暑地、冬はスキーが楽しめる、誰もが知っているリゾート地ですね。

　この軽井沢町だけに適用される法律が、**「軽井沢国際親善文化観光都市建設法」**です。

　一つの自治体だけに適用される法律には、**「日本国憲法」**第95条が適用されます。この軽井沢に関する法律は、その対象となった、数少ない法律の一つです。

> **日本国憲法**
> **第95条**　一の地方公共団体のみに適用される特別法は、法律の定めるところにより、その地方公共団体の住民の投票においてその過半数の同意を得なければ、国会は、これを制定することができない。

　この**「日本国憲法」**第95条の対象となった法律はこれまでに15件（うち1件は廃止）ありますが、**「軽井沢国際親善文化観光都市建設法」**は、その中でも、

112

現時点において最後に新規制定された法律です。

さて、この法律はどんな目的で作られたのでしょうか。目的が書かれている第1条を見てみましょう。

**軽井沢国際親善文化観光都市建設法**
**第1条** この法律は、軽井沢町が世界において稀にみる高原美を有し、すぐれた保健地であり、国際親善に貢献した歴史的実績を有するにかんがみ、国際親善と国際文化の交流を盛んにして世界恒久平和の理想の達成に資するとともに、文化観光施設を整備充実して外客の誘致を図り、わが国の経済復興に寄与するため、同町を国際親善文化観光都市として建設することを目的とする。

この条文をほぐしてみると、軽井沢を「国際親善文化観光都市」として建設することにより、

①国際親善と国際文化の交流を盛んにして、世界恒久平和の理想の達成に役立つ

②文化観光施設を整備充実して外国からの観光客を誘致し、日本の経済復興に寄与する

ということが、法律の目的であるとされています。

## ○軽井沢はすでに国際都市だった

この法律が国会で審議された1951（昭和26）年の会議録を見ると、当時すでに、軽井沢は国際都市として有名であり、各国大使もたくさん居住し、夏には、避暑地として国際交流の場になっていたそうです。

## 〇軽井沢町長がしなければいけないこと

　法律の続きを見てみましょう。

　第3条には、軽井沢町長が、「軽井沢国際親善文化観光都市」を完成することについて、たえず活動しなければならない、と書かれています。

> **軽井沢国際親善文化観光都市建設法**
> **第3条第2項**　軽井沢町の町長は、地方自治の精神に則り、その住民の協力及び関係諸機関の援助により、軽井沢国際親善文化観光都市を完成することについて、不断の活動をしなければならない。

## 〇国からの支援

　第4条、第5条には、国が、

・軽井沢国際親善文化観光都市を建設する事業にできる限り援助をすること。

・必要な場合は、国有財産を地方公共団体に譲ることができること。

という規定があります。

> **軽井沢国際親善文化観光都市建設法**
> **第4条**　国及び地方公共団体の関係諸機関は、軽井沢国際親善文化観光都市建設事業が第1条の目的にてらし重要な意義をもつことを考え、その事業の促進と完成とにできる限りの援助を与えなければならない。
> **第5条**　国は、軽井沢国際親善文化観光都市建設事業の用に供するため必要があると認める場合においては、国有財産

法……第28条の規定にかかわらず、その事業の執行に要する費用を負担する公共団体に対し、普通財産を譲与することができる。

## ○事業の状況を報告しなければならない

第6条では、

・事業の執行者は6か月ごとに、進行状況を国土交通大臣に報告する。

・内閣総理大臣は1年ごとに、事業の状況を国会に報告する。

といったことが義務づけられています。

**軽井沢国際親善文化観光都市建設法**

**第6条第1項** 軽井沢国際親善文化観光都市建設事業の執行者は、その事業が速やかに完成するように努め、少なくとも6箇月ごとに、国土交通大臣にその進行状況を報告しなければならない。

**第2項** 内閣総理大臣は、毎年1回国会に対し、軽井沢国際親善文化観光都市建設事業の状況を報告しなければならない。

実際、官報には、内閣が毎年1回、国会に事業の状況を報告していることが掲載されています。直近の例として、2019（令和元）年12月13日付の官報には、以下のように、衆議院が内閣から、軽井沢町に関する報告書を受け取ったことが記載されています。

\ もっと /

トリビア

　この**「軽井沢国際親善文化観光都市建設法」**は、
1951（昭和26）年の8月15日に公布されたんだって。
この頃は、サンフランシスコ講和条約の調印が翌月に
あって、日本が国際社会に復帰する直前だったんだね。

　もしかしたら、この法律の第1条にも書かれている
ように、世界平和を目指す気持ちを込めて、終戦の日
である8月15日に公布したのかもしれないね。

## 三重県は何地方？

 三重県は「近畿地方」だって習ったけれど、愛知・岐阜・三重の人は、「東海三県」と呼んで、ひとかたまりの地域みたいに思っているんだって！　法律には、何か書いてあるかな？

## ○三重県は「近畿」？

　まず、三重県を「近畿圏」としている法律を見てみましょう。

　**「近畿圏整備法」**によると、三重県は「近畿圏」に属するとされています。

> **近畿圏整備法**
> **第２条第１項**　この法律で「近畿圏」とは、福井県、三重県、滋賀県、京都府、大阪府、兵庫県、奈良県及び和歌山県の区域（政令で定める区域を除く。）を一体とした広域をいう。

　なお、この条文には「（政令で定める区域を除く。）」と書かれていますが、この政令は現在定められていないため、三重県の全域が「近畿圏」に属していることになります。

## ○三重県は「中部」？

次に、三重県を「中部」「中部圏」としている法律を見てみましょう。

**「警察法」**には、「管区警察局」の管轄区域が定められています。それによると、三重県は「中部管区警察局」の管轄区域とされています。

> 警察法
> **第30条第2項**　管区警察局の名称、位置及び管轄区域は、次の表のとおりとする。
> ……
> 中部管区警察局
> 　名古屋市
> 　富山県　石川県　福井県　岐阜県　愛知県　三重県

また、**「国土形成計画法」**では、国土交通大臣が、区域ごとに「国土形成計画」を定めることとされています。その中で、三重県は「中部圏」とされています。

> 国土形成計画法
> **第9条第1項**　国土交通大臣は、次に掲げる区域……について、それぞれ国土形成計画を定めるものとする。
> 　三　中部圏（愛知県、三重県その他政令で定める県の区域を一体とした区域をいう。）

また、**「中部圏開発整備法」**でも、三重県は「中部圏」とされています。

**中部圏開発整備法**
**第２条**　この法律で「中部圏」とは、富山県、石川県、福井県、長野県、岐阜県、静岡県、愛知県、三重県及び滋賀県の区域を一体とした広域をいう。

## 〇三重県は「東海地方」でもある

　**「地方行政連絡会議法」**には、地域ごとに、「地方行政連絡会議」という会議が設けられることとされています。

　その区域割が示されている別表をみると、三重県は「東海地方行政連絡会議」に入っています。

**地方行政連絡会議法**
**別表（第２条関係）**
　東海地方行政連絡会議
岐阜県、静岡県、愛知県及び三重県並びに名古屋市

三重県て、あちこちから引っ張りだこの人気者なんだね！

## 明日香村の風土を守ろう

「明日香村」って、素敵な名前だよね。奈良県の真ん中あたりにあって、桜がとても美しいところなんだって。
で、明日香村のための法律があるんだよ。どんなことが書かれているのかな？

## ○明日香村を守る法律

　明日香村は、飛鳥時代の政治の中心地で、今も当時の史跡がたくさん残っています。例えば、蘇我氏に縁の深い「石舞台古墳」や「飛鳥寺」があります。

　その明日香村について定めた**「明日香村における歴史的風土の保存及び生活環境の整備等に関する特別措置法」**という法律があります。

　この法律は、飛鳥地方の歴史的文化遺産を、住民の理解と協力の下で保存する目的で作られました。具体的にはどのようなことが規定されているのでしょうか。

## ○歴史的風土を保存する

　明日香村の歴史的遺産を今後も維持していくためには、地域住民と協力しながら適切に保存していく必要があります。そのため、この法律では、明日香村の歴史的風土の保存を目的とする「歴史的風土保存計画」

を定めることが規定されています。

> **明日香村における歴史的風土の保存及び生活環境の整備等に関する特別措置法**
> **第 2 条** 国土交通大臣は、奈良県、明日香村……及び社会資本整備審議会の意見を聴くとともに、関係行政機関の長に協議して、……明日香村の区域の全部について、歴史的風土の保存に関する計画……を定めなければならない。

## ○住民の生活環境を整える支援も

とはいえ、遺跡の保護を優先しすぎれば住民の生活を圧迫することにもなりかねません。そこで、住民の生活環境を整える支援を行うための「明日香村整備基本方針」を作ることも定められています。

> **明日香村における歴史的風土の保存及び生活環境の整備等に関する特別措置法**
> **第 4 条第 1 項** 国土交通大臣は、……明日香村における歴史的風土の保存と住民の生活との調和を図るため、明日香村における生活環境及び産業基盤の整備等に関する基本方針……を定め、これを奈良県知事に示すものとする。……

明日香村に残る歴史的風土を保護することと、そこに住む人たちの生活と、両方を大事にするための法律なんだね。

## 南九州の農業を振興しよう

最後は、南九州へ行ってみよう！
でも「南九州」ってどの範囲？

## ○「南九州」の範囲は？

ここで紹介するのは、**「南九州畑作営農改善資金融通臨時措置法」**という法律です。

これは、南九州の地域が、シラス台地など特殊な火山灰で覆われていることから、そこで畑作をする農家の経営を安定させることを目的とした法律です。

まず、法律の目的を定めた第１条を見てみましょう。

**南九州畑作営農改善資金融通臨時措置法**
**第１条** この法律は、南九州の地域のうち、夏期における降雨量がきわめて多く、かつ、特殊な火山噴出物でおおわれている特定の畑作地域を南九州畑作振興地域として指定し、その地域内の農業者で……営農の改善を図ろうとするものに、……必要な資金を長期かつ低利で貸し付けることにより、……農業者の経営の安定を図ることを目的とする。

このように、南九州地域のうち、夏の雨量が多く、特殊な火山噴出物で覆われている地域において、農業

の運営を改善しようとする人に、必要な資金を貸し付けることで、その地域の農業を安定させようということが書かれています。

　では、「南九州」とはどの範囲を指しているのでしょうか。第２条には以下のように書かれています。

**南九州畑作営農改善資金融通臨時措置法**
**第２条**　農林水産大臣は、南九州の地域（宮崎県及び鹿児島県の区域をいう。）のうち、５月から７月までの間における降雨量がきわめて多く、かつ、シラス、ボラ、コラ、アカホヤ等特殊な火山噴出物でおおわれている畑作地域……を、……南九州畑作振興地域として指定する。

　この規定は、貸付けの融通の対象となる地域を農林水産大臣が指定すると定めていますが、その中に「南九州の地域（宮崎県及び鹿児島県の区域をいう。）」と書かれています。つまり、「南九州」とは、宮崎県と鹿児島県の区域を指していることが分かります。

社会の授業で「シラス台地」って習ったけれど、この法律を見ると、火山がもとできた土は「シラス」だけじゃなくて、「ボラ」「コラ」「アカホヤ」とか、色々あるんだね。勉強になるね。

# 2

## 法律で知る、日本の歴史

> ### 十七条の憲法、何が書かれていた？

聖徳太子の「十七条の憲法」には、「仲良くしようね」とか「仏教を大事にしようね」って書いてあるんだよね。でもほかには何が書いてあったのかな？

## ○そもそも「十七条の憲法」って、どこに書かれているの？

現代は、法律ができると「官報」に掲載され、それが法律の専門書などに載ります。

では、**「十七条の憲法」**の条文は、何の本を見れば分かるのでしょうか？

これは実は「日本書紀」に全文が記録されているのです。

そうなんだ！「日本書紀」と「十七条の憲法」って、まったく別々に覚えてたけれど、そんな関係があるんだね！

## 〇役人の心得を示している

現在の**「日本国憲法」**には、人権のことや、国の機関の仕組みのことなどが書かれています。

一方、**「十七条の憲法」**は、当時の役人の心得を書いたものだとされています。

最初の方には、「和を以って貴しとなし……」、「篤く三宝（仏教）を敬え……」と書かれていることは、ご存知の方も多いと思いますが、そのほかには何が書かれているのでしょうか。

## 〇賄賂をもらってはいけません

第５条には、「絶饗棄欲　明辯訴訟……」と書かれています。これは、「食におごることをやめ、財物への欲望を捨て、訴訟を公明に裁け」という意味だそうです。

この第５条には、その後に、「この頃訴訟を扱う者が、利を得ることを常とし、賄賂を受けてから、その申立てを聞く有様である」と、訴訟を扱う役人が賄賂を受け取っていることを指摘しています。

## 〇朝早くから夜遅くまで仕事をしなさい

第８条には、「……早朝晏退……」という言葉が出てきます。これは、「早く出てきて、遅く帰るようにせよ」という意味だそうです。

## ○春から秋に、民を使わないこと

　第16条には、「従春至秋 農桑之節 不可使民」と書かれています。これは、「春より秋に至るまでは農耕や養蚕のときである。民を使うべきでない」という意味だそうです。

　つまり、農業・養蚕で忙しい時期に、人々の労働力を使わないように、ということです。

「農業・養蚕」が書かれているんだ！
養蚕って、農業と並べて書かれるくらい
大事な産業だったんだね。

※「十七条の憲法」の現代語訳は、宇治谷孟訳『全現代語訳 日本書紀（下）』（1988年、講談社学術文庫）から引用しました。

## 「御成敗式目」にも書かれていた、時効制度

鎌倉時代の「御成敗式目」って、800年も前に作られた決まりだけれど、今の「民法」と同じ規定があったんだって！

### ○御成敗式目とは

「御成敗式目」とは、今から約 800 年前の 1232（貞永元）年、鎌倉幕府の 3 代目執権であった北条泰時の命令によって制定された、武家社会における最初の成文法（文章で記された法）であるとされています。源頼朝以来の先例や、武家社会の道徳を踏まえて、武家社会の人達が内容を理解できるように整備された法令です。

### ○今の民法にも通じる時効の制度

「御成敗式目」の第 8 条には、今でいう時効の制度が定められていました。これは、土地所有の権利を持っている人が実際には土地の支配をしていなかった場合に、その土地を 20 年以上実際に支配していた人がいるときは、その人が土地を支配することができるというもので、「知行年紀法」と呼ばれています。

この御成敗式目第 8 条の考え方は、現在の**「民法」**

の考え方にとても良く似ています。

　「**民法**」には、時効の考え方があり、「権利の上に眠る者」は保護しない、つまり、権利は持っていても、それを長期間にわたって行使しない人は法の保護を受けることはできないとされています。

　具体的に、土地を所有する権利を持っていない人が実際には支配（現在は、「占有」といいます）している場合はどうなるか、規定を見てみましょう。

**民法**
**第162条**　20年間、所有の意思をもって、平穏に、かつ、公然と他人の物を占有した者は、その所有権を取得する。

　これは、他人の物であることを知っていたとしても、誰にはばかることなく自分の物として所有する意思をもって占有していれば、20年たった段階で、その人の物になるという規定です。**「御成敗式目」**にそっくりですね。

20年たったら自分の物になるっていう考え方が800年も受け継がれているんだね。時代が変わっても変わらない感覚みたいなものがあるんだね。

# 「古都」って、どこ？

昔からある街を「古都」って呼ぶよね。でも具体的にはどの街が「古都」なんだろう？

「古都」がどの都市を指すかは、**「古都における歴史的風土の保存に関する特別措置法」**に書かれています。

**古都における歴史的風土の保存に関する特別措置法**
**第２条** この法律において「古都」とは、わが国往時の政治、文化の中心等として歴史上重要な地位を有する京都市、奈良市、鎌倉市及び政令で定めるその他の市町村をいう。

まず、「古都」とは、日本の政治・文化の中心として歴史上重要な地位を有する街であるとしています。

その上で、京都市、奈良市、鎌倉市の名前を挙げ、さらに、政令でその他の市町村を定めるとしています。

それでは、その政令にはどの街が挙げられているでしょうか。

**古都における歴史的風土の保存に関する特別措置法第２条第１項の市町村を定める政令**
古都における歴史的風土の保存に関する特別措置法第２条

129

第１項の政令で定める市町村は、天理市、橿原市、桜井市、奈良県生駒郡斑鳩町、同県高市郡明日香村、逗子市及び大津市とする。

　この政令に定められた街も含めて全体を見ると、「古都」とされるのは、

・奈良県……奈良市、天理市、橿原市、桜井市、斑鳩町、明日香村
・京都府……京都市
・滋賀県……大津市
・神奈川県……鎌倉市、逗子市

となります。

　歴史の好きな方にとっては必要ないかと思いますが、それぞれの街について簡単に説明しておきましょう。

　奈良市は、いうまでもなく、平城京が置かれていた場所で、東大寺の大仏など、数多くの文化財があります。

　天理市は、崇神天皇陵をはじめ、多くの古墳があり、また、日本最古の道といわれる「山の辺の道」が通っています。

　橿原市は、７世紀後半に、平城京の前の都である藤原京が置かれていた場所です。

　桜井市は、大和朝廷があった場所といわれています。

　斑鳩町は、法隆寺の所在地で、聖徳太子が住んでいたといわれています。

　明日香村は、先ほども紹介したように、飛鳥時代の中心地でした。

　京都市は、改めて説明も不要ですが、平安京の置かれていた場所で、その後も江戸時代の終わりまで、日本の都とされていた街ですね。

　大津市は、天智天皇が飛鳥京から都を移し、大津京を設けた場所です。

　鎌倉市は、鎌倉幕府が設けられていた街で、鎌倉の大仏など、多くの名所があります。

　逗子市は鎌倉市に隣接し、有名な「名越切通」があるほか、鎌倉時代に造られた、日本で最初の築港といわれている「和賀江嶋」があります。

お休みの日に、ゆっくり古都巡りしてみたいよね〜

## 「都会に引っ越してきてはいけません」という法律があった

 人って、どこで生きるのも自由だよね〜。……えっ、昔は、都会に来ちゃいけませんっていう法律があったの……？

　日本は人口減少社会に突入し、どの自治体も、地場産業を発展させたり、新たな企業誘致を図ったりするなど、地方創生に取り組んでいますが、東京への人口集中は今も続いています。

　とはいっても、どの街で暮らすかというのは自由に決められることで、東京に引っ越してくるのを禁止することはできません。

　自分がどこに住むかを自由に決められる権利は、居住、移転の自由として、憲法にも書かれています。

**日本国憲法**
**第22条** 何人も、公共の福祉に反しない限り、居住、移転及び職業選択の自由を有する。

　しかし、かつて、都会に転入してくることを禁止した法律がありました。

　それは、**「都会地転入抑制法」**という法律です。

　この法律は、1946（昭和21）年に定められていた

**「都会地転入抑制緊急措置令」**という勅令を引き継いで、翌1947（昭和22）年に定められたものです。

この時代は、終戦直後の状況で、都会に人口が集中し過ぎることにより、住宅、雇用、食料の事情が悪くなること、また災害対応の面から、やむを得ない事由があって市区町村長の承認を受けた人以外は、他の土地から転入してくることが禁止されていたのでした。

**（旧）都会地転入抑制法**
**第一条** この法律は、都会地における人口の過度の集中に因る窮迫した住宅、雇用及び食糧の事情並びに災害に対処するため、必要な転入の制限をすることを目的とする。

では、転入ができないとされる「都会地」とはどこのことを指していたのでしょうか。

この法律では、東京都の特別区や、横浜市、京都市、大阪市、神戸市、福岡市など、今でも大都会である都市と並んで、和歌山市、下関市といった、それよりは小規模な都市も「都会地」とされています。これはどういうことでしょうか。

この法律の前身である勅令では、函館、仙台、富山、名古屋、呉、長崎などもっと多くの都市が対象として指定されていました。

その後、食料や住宅の状況を踏まえて、それらの都市が対象外とされていき、法律が制定された時は和歌

山市や下関市が残っていたというわけです。

## ○不正をして都会に入ると、罰金刑

　この法律には罰則がありました。それは、先ほどの、転入してもよいという承認を、不正な方法で受けた人は、最高 3,000 円の罰金刑などを科されるというものでした。

　ちなみに、昭和 22 年当時の銀行員の初任給は 220 円だったので、けっこうな高額ですね。

**（旧）都会地転入抑制法**
**第 4 条**　第 2 条の規定に違反し又は詐欺その他不正の方法により同条の承認を受けた者は、これを 3000 円以下の罰金又は拘留に処する。

　この法律は、公布の翌年である 1948（昭和 23）年の 12 月末まで、有効な法律として用いられました。

法律でそんな制限をかけなきゃいけないくらい、激動の時代だったんだね！

## かつて存在した、サマータイムの法律

昔、日本でも欧米みたいにサマータイムが行われていたことがあるっていうけれど、何かでルールが決められていたのかな？

　終戦直後の一時期、ＧＨＱの指令により、日本でもサマータイムが実施されていました。

　当時、サマータイムの制度を定める**「夏時刻法」**が制定され、昭和23年から26年までの4年間実施されましたが、過重労働、慣習の変更を好まないなどの理由により廃止されました。

※（参考）「サマータイムについて」2007年12月環境省・経済産業省
https://www.env.go.jp/council/06earth/y060-70/mat01.pdf

サマータイムは法律で定められていたんだね。でも、時刻をずらすのって、法律の条文にはどんなふうに書かれていたのかな？

　**「夏時刻法」**によると、毎年4月の第1土曜日の午後12時（つまり日曜日の午前0時）からサマータイムが始まり、9月の第2土曜日の翌日の午前0時に終わるとされていました。

その期間、どのように時間を1時間早くしていたか
というと、最初の日曜日は1日が23時間と規定され
ました。その日だけ1時間早く翌日にしたわけです。

また、夏時刻の期間中は、「中央標準時より1時間
進めた時刻（夏時刻）を用いる」と規定されました。

そして、最後の日は1日が25時間と定められまし
た。そのようにして、1時間遅く翌日にしたわけです。

**（旧）夏時刻法**

**第1条**　毎年、4月の第1土曜日の午後12時から9月の第2
　　土曜日の翌日の午前零時までの間は、すべて中央標準時よ
　　り1時間進めた時刻（夏時刻）を用いるものとする。但し、
　　特に中央標準時によることを定めた場合は、この限りでな
　　い。

**第2条**　4月の第1土曜日の翌日（日曜日）は23時間をもっ
　　て1日とし、9月の第2土曜日は25時間をもって1日とす
　　る。

2　夏時刻の期間中その他の日はすべて24時間をもって1日
　　とする。

## ○5月からの開始に変更

さて、サマータイムを実施してみると、電力の節約
などの良い効果があった一方で、4月に開始すると、
まだ明け方の寒い時に起きなければならないこともあ
り、世論調査では多くの人が開始時期を1か月遅らせ
てほしいと希望していたそうです。そこで、3年目の
1950（昭和25）年には、**「夏時刻法」**が改正され、開

始時期が 4 月から 5 月に改められました。

## ○夏時刻法の廃止

さらに、それから 2 年後の 1952（昭和 27）年、**「夏時刻法」**は廃止されました。

> **夏時刻法を廃止する法律**
> 　夏時刻法……は、廃止する。

このときの国会の議論によると、夏時刻の実施が、労働者、農民、主婦などの過労の原因となり、かえって能率を低下させるおそれがあると考えられ、そのために夏時刻法を廃止することとしたそうです。

将来、また日本でサマータイムが導入されたら、朝ちゃんと起きられるかな……。

# 3

## もっとディープに！「法鉄」の世界

📖

> プラットホームには、どんな決まりがある？

お父さんが「駅のプラットホームって、出会いと別れの舞台だよね〜（遠い目）」って言ってたよ。プラットホームについての決まりって、何かあるのかな？

### ○車掌の存在は、プラットホームの長さを左右する

まずは、電車の車掌さんの存在が、プラットホームの長さを決めるのに深く関係しているというお話を紹介しましょう。

駅のプラットホームの長さについては、**「鉄道に関する技術上の基準を定める省令」**に定められています。それを見ると、プラットホームの長さについては、

・そのプラットホームに停まる列車の、一番前の旅客車から、一番後ろの旅客車までの長さ以上であること
・ただし、車掌がそれ以外の車両に乗る場合は、その車両も含めて長さを決めなければならないこと

などの決まりが書かれています。

**鉄道に関する技術上の基準を定める省令**
**第36条** プラットホームは、次の基準に適合するものでなければならない。
一 プラットホームの有効長は、……発着する列車の最も前方にある旅客車（車掌が旅客車以外の車両に乗務する場合は、当該車両を含む。……）から最も後方にある旅客車までの長さのうち最長のものの長さ以上であって、旅客の安全かつ円滑な乗降に支障を及ぼすおそれのないものであること。……

　確かに、車掌さんがプラットホームに降りられないとお仕事に支障をきたすので、車掌さんの存在はプラットホームの長さに深く関わってくるわけですね。
　続いて、プラットホームの幅についての定めがあります。それによると、プラットホームの幅や、柱や壁とプラットホームの端との距離は、お客さんが安全に移動できる長さであることが必要とされています。

**鉄道に関する技術上の基準を定める省令**
**第36条**
二 プラットホームの幅並びにプラットホームにある柱類及び跨線橋口、地下道口、待合所等の壁とプラットホーム縁端との距離は、旅客の安全かつ円滑な流動に支障を及ぼすおそれのないものであること。

## ○お客さんがスムーズに移動できるように

また、「**高齢者、障害者等の移動等の円滑化の促進に関する法律**」によると、新しく旅客施設を造るときや、大規模な改良を行うときなどは、高齢者や障害者がスムーズに移動できるよう、一定の規準に適合することが必要とされています。

**高齢者、障害者等の移動等の円滑化の促進に関する法律**
**第8条第1項** 公共交通事業者等は、旅客施設を新たに建設し、若しくは旅客施設について……大規模な改良を行うとき……は、……省令で定める基準……に適合させなければならない。

この規定に基づき、プラットホームについて、以下のような詳細な基準が省令で定められています。
・プラットホームの端と車両の床面の端との間隔は、できるだけ小さくすること
・隙間や段差があるときは、車いすでも乗り降りができるような設備を備えること（よく駅員さんが、車いすの人が乗り降りできるように、板を渡している光景を見かけますね）
・排水のための傾きは、1% が標準
・床の表面は、滑りにくい仕上げをすること
・ホームドアや点字ブロックなどを設置すること
・列車が接近したら、文字や音声で警告する設備を設けること

## ○危険物が通る配管は、プラットホームから離れたところに設置しましょう

**「危険物の規制に関する規則」**と、それについての詳細を定めた**「危険物の規制に関する技術上の基準の細目を定める告示」**によると、危険物が通る配管を地上に設置する場合は、１日に２万人以上が利用する駅のプラットホームから水平距離で 45 メートル以上離れていなければならないとされています。

**危険物の規制に関する規則**
**第 28 条の 16**　配管を地上に設置する場合は、次の各号に掲げるところによらなければならない。
　二　配管……は、住宅、学校、病院、鉄道その他の告示で定める施設に対し告示で定める水平距離を有すること。

**危険物の規制に関する技術上の基準の細目を定める告示**
**第 32 条**　……配管は、次の各号に掲げる施設に対し、当該各号に定める水平距離を有しなければならない。
　十　一日に平均２万人以上の者が乗降する駅の母屋及びプラットホーム　45 メートル以上

## ○同じプラットホームで乗り継ぎができるようにしましょう

**「鉄道事業法」**と**「鉄道事業法施行規則」**によると、鉄道事業者は、お客さんがスムーズに列車を乗り継げるように、同じプラットホームで、対面で接続するこ

となどの努力をしましょう、と定められています。

**鉄道事業法**
**第 22 条の 2** 鉄道事業者は、利用者の利便の増進を図るため、他の運送事業者その他の関係者と相互に協力して、連絡運輸、直通運輸その他の他の運送事業者の運送との間の旅客の乗継ぎ又は貨物の引継ぎを円滑に行うための国土交通省令で定める措置を講ずるよう努めなければならない。

**鉄道事業法施行規則**
**第 37 条の 2** 法第 22 条の 2 第 1 項の国土交通省令で定める措置は、次に掲げる措置とする。
　一　他の鉄道事業者との間の相互直通運転又は同一のプラットホームでの対面による接続

たくさんの規定のおかげでプラットホームの安全が守られているんだね。

## 新幹線の運行を妨害すると、普通の鉄道 より罪が重い

 新幹線はすごいスピードで走るから、普通の電車よりも念を入れて安全を守らないといけないね。 だから、新幹線の運行を妨害したときは、他の電車に比べて重い罰を科すべきだと思う……あっ、もう決められているの？

## ○線路内に立ち入ったとき

鉄道の線路内に立ち入ったとき、**「鉄道営業法」**では、1万円未満の「科料」が科されます。

**鉄道営業法**
**第 37 条**　停車場其ノ他鉄道地内ニ妄ニ立入リタル者ハ 10 円
　　以下ノ科料ニ処ス
※この「10 円以下」は、現在では 1 万円未満として取り扱われて
　います。

一方、新幹線の場合は、線路内に立ち入ると、**「新幹線鉄道における列車運行の安全を妨げる行為の処罰に関する特例法」**という法律の規定によって、1 年以下の懲役か、5 万円以下の罰金が科されます（以下、**「新幹線特例法」**と呼びます）。

**新幹線鉄道における列車運行の安全を妨げる行為の処罰に関する特例法**

**第3条**　次の各号の一に該当する者は、1年以下の懲役又は5万円以下の罰金に処する。

　一　……線路（軌道及びこれに附属する保線用通路その他の施設であつて、軌道の中心線の両側について幅3メートル以内の場所にあるものをいう。……）……

　二　新幹線鉄道の線路内にみだりに立ち入つた者

　なお、この条文の第1号によると、「線路」とは、軌道と、軌道の中心線の両側3メートル以内の場所にある施設を含んでいるとされているため、レールの内側に入らなくても、この罪に当たることがあり得ます。

## ○線路に物を置いたとき

　線路に物を置いて、列車の走行に危険が生じたときは、**「刑法」**の「往来危険罪」になり、2年以上の有期懲役となります。

**刑法**

**第125条**　鉄道若しくはその標識を損壊し、又はその他の方法により、汽車又は電車の往来の危険を生じさせた者は、2年以上の有期懲役に処する。

　一方、新幹線の線路に物を置いた場合は、たとえ列車の運行に危険が生じなくても、1年以下の懲役か、

５万円以下の罰金になります。

---

**新幹線鉄道における列車運行の安全を妨げる行為の処罰に関する特例法**

**第3条**　次の各号の一に該当する者は、１年以下の懲役又は
５万円以下の罰金に処する。

一　列車の運行の妨害となるような方法で、みだりに、物
件を新幹線鉄道の線路……上に置き、又はこれに類する
行為をした者

---

## ○列車に物を投げると

列車に向かって物を投げたときは、「**鉄道営業法**」
によると、科料（1,000円以上１万円未満の金銭を徴
収される）に問われます。

---

**鉄道営業法**

**第40条**　列車ニ向テ瓦石類ヲ投擲シタル者ハ科料ニ処ス

---

一方、新幹線に向かって物を投げた場合は、最高５
万円の罰金となり、金額が大きくなっています。

---

**新幹線鉄道における列車運行の安全を妨げる行為の処罰に関する特例法**

**第4条**　新幹線鉄道の走行中の列車に向かつて物件を投げ、
又は発射した者は、５万円以下の罰金に処する。

---

## ○過去の裁判例から

　このように、新幹線の運行を妨害すると、他の列車を妨害するよりも重い罪になります。

　それでは、過去の裁判例から、この**「新幹線特例法」**違反に問われた事件を見てみましょう。

　ここでは、1967（昭和42）年の京都地裁の判決を紹介します。

　この事件では、被告人は20代半ばで、職を転々としていました。

　この人は、仕事を探して野宿などをしながら京都から神戸まで歩いていたところで、自分の不遇な境遇を思って腹が立ち、うっぷんを晴らすために、新幹線の防護金網を乗り越えて線路内に立ち入り、木枠や竹製梯子を線路上に置いた、ということです。

　このように新幹線の線路上に物を置くと、**「新幹線特例法」**の第3条によれば、最高1年の懲役が科されます。

　ここから先は、**「刑法」**の詳しい知識が必要な話になりますが、この裁判では、この人が「牽連犯」になるのか「併合罪」になるのかが問題になりました。

　というのは、線路内に立ち入る行為（**「新幹線特例法」**第3条第2号）と、線路上に物を置く行為（同条第1号）とが、手段と結果の関係にあるのかどうかという点が問題になり、手段と結果の関係にあれば「牽連犯」として、二つの犯罪のうち、刑が重い方の罪の

146

長期が上限となります。一方、手段と結果の関係には
ない別々の犯罪だということになれば、「併合罪」と
なり、重い方の罪の長期の 1.5 倍が上限となります。

　つまり、併合罪とされると、より重い刑が科される
可能性があります。

　この点について、判決は、

・線路上に物を置く行為は、線路内に立ち入らずに、
　外から物を投げ入れることによってもできる。

・したがって、線路内に立ち入る行為と、線路上に物
　を置く行為とは、手段と結果の関係にあるとはいえ
　ない。

・よって、両者は「牽連犯」とはならず、「併合罪」
　の関係にある。

と判断しました。

「ケンレンハン」？「ヘイゴウザイ」？
裁判って、そういうことも判断している
んだ！

## 法律に出てくる「鉄道旅行」という言葉

特別な鉄道ファンじゃなくても、「鉄道旅行」と聞くとわくわくするよね。
ところで、法律に「鉄道旅行」っていう言葉が書かれているんだって！　どんな場面で出てくるんだろう？

**「国家公務員等の旅費に関する法律」**という法律には、「鉄道旅行」という言葉が登場します。

国家公務員と鉄道旅行。どんな関係があるのでしょうか？

まずは条文を見てみましょう。

**国家公務員等の旅費に関する法律**
**第6条第2項**　鉄道賃は、鉄道旅行について、路程に応じ旅客運賃等により支給する。

このように、国家公務員の出張に要する費用を計算するための規定に、「鉄道旅行」という言葉が書かれています。

同じように「鉄道旅行」という言葉が書かれている法律がもう一つあります。

**「議院に出頭する証人等の旅費及び日当に関する法律」**には、国会に証人として出る人に対して、移動に

要した費用や、日当を支払うことが規定されています
が、そこにも「鉄道旅行」という言葉が書かれていま
す。

**議院に出頭する証人等の旅費及び日当に関する法律**
**第 4 条** 日当は、日数に応じてこれを支給する。
2　日数は、証人として出頭し、若しくは陳述し、又は滞在
　した日数及び旅行に必要な日数（鉄道旅行……にあつては、
　……最も経済的な通常の経路及び方法による旅行に必要な
　日数と……する。）による。

　このように、法律に「鉄道旅行」と書かれている
ときは、観光旅行のようなものではなく、公務員の仕事
や、国会審議への協力などのために鉄道を使って移動
する場合のことを指していることがわかります。

そっか、お仕事で電車に乗るときも
「鉄道旅行」っていうんだね。

## 複々線化と法律

「複々線化」の工事で電車の本数が増えて便利になったっていうけれど、どんな工事でどんなきまりがあるんだろう？

### ○複々線化を促進する法律

ローカル線には、単線の路線がありますね。単線の場合、上りと下りの列車がすれ違える場所をどこかに設ける必要があります。これを複線にすると、上りと下りの列車が別々の線路を走ることができるので、運行本数を増やすことができます。

そして、複々線になると、線路が全部で4本になり、上り同士・下り同士でも、特急や急行、快速といった列車と、各駅停車の列車が別々の線路を走ることができるので、さらに運行本数を増やすことができます。

このような鉄道の複々線化を促進するための法律があります。

それは**「特定都市鉄道整備促進特別措置法」**で、都市部にある複線の鉄道の4線化を支援する規定が置かれています。

**特定都市鉄道整備促進特別措置法**
**第2条**　この法律において「都市鉄道」とは、大都市圏……
　における旅客輸送の用に供する鉄道……をいう。
2　この法律において「特定都市鉄道工事」とは、都市鉄道
　に係る施設の一体的かつ大規模な建設又は改良に関する工
　事であって、次の各号に適合するものをいう。
　一　……、都市鉄道に係る複線である本線路を四線以上と
　　する工事……

このように、大都市圏の鉄道を「都市鉄道」といい、
都市鉄道の複線を4線以上とする工事を、「特定都市
鉄道工事」といいます。

## ○工事費用は、積み立てて使う

そして、そのような工事を行おうとする鉄道事業者
は、事業計画を国土交通大臣に提出して認定を受け、
工事費用として、資金の積立を行います。
　積立金には利息が付され、鉄道事業者はそれを工事
費に充てます。

**特定都市鉄道整備促進特別措置法**
**第6条**　認定事業者は、整備事業計画に記載された特定都市
　鉄道工事の工事費の支出に充てるため、整備事業計画の期
　間内の日の属する各事業年度……について、当該事業年度
　の鉄道事業に係る旅客運送収入に、整備事業計画に記載さ
　れた積立割合を乗じて得た金額……を特定都市鉄道整備積
　立金として積み立てなければならない。

**第7条** 認定事業者は、前条第1項の規定により各事業年度について積み立てた特定都市鉄道整備積立金を、当該事業年度の終了の日から起算して2年以内に（国土交通大臣の承認を受けたときは、国土交通大臣が定める日までに）、……取り戻さなければならない。

2 認定事業者は、取り戻した特定都市鉄道整備積立金の額に相当する金額を、当該取戻しの日から起算して1月以内に、……当該積立金に付された利息の額とともに……工事費の支出に充てなければならない。

 そうなんだ！ お金を積み立てないといけないことになっているんだね。線路を増やすにはお金がかかるもんね。

## 鉄道警察って、どんな組織？

ドラマや警察密着のドキュメンタリーを見ていると、「鉄道警察」の人が出てくることがあるよね！

あの「鉄道警察」って、普通の警察署からお巡りさんが来てるのかな？　それとも、普通の警察とは別ものなのかな？

## ○「鉄道警察」は、法令上の正式な用語？

まず、**「鉄道警察」**という言葉が法令上の正式な用語かどうか、確認しておきましょう。

**「警察庁組織令」**という政令は、警察庁の組織と、各部署の担当事務について定めていますが、その中で、生活安全局の生活安全企画課が「鉄道警察に関すること」を担当すると定められています。

**警察庁組織令**
**第15条**　生活安全企画課においては、次の事務をつかさどる。
　十　鉄道警察に関すること。

生活安全企画課は交番などの地域警察をはじめ、市民生活の安全と平穏を守る業務を担当しており、それとともに「鉄道警察に関すること」が挙げられている

ので、鉄道警察とは、市民生活の安全を守る活動の一つであることが分かります。

## ○鉄道警察は、都道府県警の下に設けられる

　次に、「鉄道警察隊の運営に関する規則」によると、鉄道警察は、都道府県警察本部の下に設けられ、主要な駅の所在地などに置かれると規定されています。

> **鉄道警察隊の運営に関する規則**
> **第2条**　都道府県警察は、本部……に鉄道警察隊を設けるものとする。
> 2　鉄道警察隊は、当該都道府県警察の管轄区域内の主要な駅の所在地又はその近傍地に置くものとする。

## ○鉄道警察隊の任務とは

　それでは、鉄道警察隊の任務とは、どのようなものとされているでしょうか。

　**「鉄道警察隊の運営に関する規則」**を見ると、鉄道警察隊は、

・線路など、重要な鉄道施設の警戒警備
・雑踏での警備
・列車への警乗
・列車で現金などを輸送するときの警備や、危険物の輸送の取締り
・鉄道事故の防止、鉄道事故が起きたときの人命救助

などを行うことが任務とされています。

**鉄道警察隊の運営に関する規則**
**第3条第2項** 鉄道警察隊は、……次に掲げる事務をつかさ
どるものとする。
　⑴　鉄道施設における警らに関すること。
　⑵　線路、運転保安設備その他重要な鉄道施設の警戒警
　　備の実施に関すること。
　⑶　鉄道施設における雑踏警備の実施に関すること。
　⑷　列車……への警乗の実施に関すること。
　⑸　列車による現金その他の物品の輸送の警備の実施に
　　関すること。
　⑹　列車による危険物の輸送の取締りの実施に関するこ
　　と。
　⑺　鉄道事故における人命の救助及び鉄道事故の防止に
　　関すること。
　　……


## ○事件・事故の処理は、初動措置の後、警察署に引き継ぐ

　さて、事件・事故が起きたときに、鉄道警察は、初
動的な措置を行った後、その処理を関係警察署に引き
継ぐこととされています。
　ここでいう「初動的な措置」とは、犯人の逮捕や、
現場の保存といったことを指します。

**鉄道警察隊の運営に関する規則**

**第4条** 鉄道警察隊は、事件又は事故について、犯人の逮捕、危険の防止、現場保存等現場における初動的な措置を行つた後、その処理を関係警察署に引き継ぐものとする。……

　ただし、乗車券の偽造や、列車への投石、鉄道係員の職務妨害、列車内での窃盗などの場合は、初動的な措置に限らず、鉄道警察隊が処理できるとされています。

\ もっと /

トリビア

**〜鉄道警察の活動拠点には赤色灯を設置する**

　鉄道警察隊の活動拠点となる施設には、その名称を表示して、赤色灯を設置しなければならない、と決められているんだよ。

**鉄道警察隊の運営に関する規則**

第6条の3　鉄道警察隊の活動拠点とする施設は、その名称を表示するとともに、赤色灯を設けたものでなければならない。

## 電車を待つ行列に割り込むと、犯罪になる

朝、駅で電車を待ってたら、前に割り込まれた！　大人の人だったから怖くて文句言えなかったよ。くやしい〜！

　朝夕のラッシュ時は、駅のホームに長い行列ができますね。みなさんきちんと整列していますが、もし行列に割り込むと、**「軽犯罪法」**違反になります。

　それによると、威勢を示して、電車を待つ行列や切符を買う行列に割り込むなどすると、拘留（１日以上30日未満、刑事施設に置かれる）または科料（1,000円以上１万円未満の金銭を徴収される）となります。

**軽犯罪法**

**第１条**　左の各号の一に該当する者は、これを拘留又は科料に処する。

　　十三　……威勢を示して汽車、電車……を待ち、若しくはこれらの乗物……の切符を買〔う〕……ため待つている公衆の列に割り込み、若しくはその列を乱した者

ということなので、みんな、割り込みはしないでね！

## 「表現の自由」と鉄道の関係とは

 公民の授業で、「表現の自由」っていうのを勉強したんだけれど、鉄道と関係があるんだって？　どういうこと？

　**「鉄道営業法」**と、憲法で保障される重要な人権の一つである「表現の自由」との関係が裁判で問われた事件があります。

　舞台は、1976（昭和51）年にさかのぼります。

　東京の井の頭線吉祥寺駅の構内で、数人の人が、駅員の許諾を得ずに、集会の案内のビラを配ったり、拡声器で参加の呼びかけをしたりしていました。

　これに対し、駅の助役や警察官が制止し、駅構内から退去するように求めましたが、その人たちは退去しませんでした。

　そのため、**「鉄道営業法」**の第35条などに違反するとして起訴されたものです。

　**鉄道営業法**
　**第35条**　鉄道係員ノ許諾ヲ受ケスシテ車内、停車場其ノ他
　　鉄道地内ニ於テ旅客又ハ公衆ニ対シ寄附ヲ請ヒ、物品ノ購
　　買ヲ求メ、物品ヲ配付シ其ノ他演説勧誘等ノ所為ヲ為シタ
　　ル者ハ科料ニ処ス

　このように、鉄道係員の許諾がないのに、車内や駅

構内などで、人々に対して物を配ったり演説や勧誘などをしたりすると、科料が科されます。

　さて、この裁判では、駅構内でのビラ配りなどを規制するこの**「鉄道営業法」**第 35 条が、**「日本国憲法」**第 21 条で保障されている「表現の自由」を侵害し、憲法違反ではないか、が一つの争点となりました。

　この点について、最高裁判所は、

　「憲法 21 条 1 項は、表現の自由を絶対無制限に保障したものではなく、公共の福祉のため必要かつ合理的な制限を是認するものであつて、たとえ思想を外部に発表するための手段であつても、その手段が他人の財産権、管理権を不当に害するごときものは許されない」

として、鉄道営業法第 35 条に違反した人を処罰しても憲法違反とはならない、と判示しました（最高裁判所昭和 59 年 12 月 18 日判決）。

　この判決は、「表現の自由」をめぐる大変重要な判例で、大学の法学部で使われている参考書などにも載っているものです。

意外なところで、公民の授業と「法鉄」が結びついたね。

## 「国鉄法」には何が書かれていた？

 ＪＲって昔「コクテツ」って名前だったんだね。法律的にもＪＲと違ったのかな？

ＪＲの前身である国鉄について定めていた法律**「日本国有鉄道法」**について見てみましょう。

**「日本国有鉄道法」**（以下、**「国鉄法」**といいます）は、1948（昭和 23）年に公布され、翌 1949（昭和 29）年に施行されました。

そして、38 年後の 1987（昭和 62）年、**「日本国有鉄道改革法」**によって廃止されました。

**「国鉄法」**には、

・国鉄という法人を構成する機関、役員・職員に関すること

・国鉄の会計に関すること

・国による国鉄の監督に関すること

などが書かれていました。

### ○国鉄法の目的は何だった？

ここでは、廃止された直前の条文を見ていきましょう。

160

〔旧〕日本国有鉄道法

**第１条** 国が……経営している鉄道事業……を経営し、能率的な運営により、これを発展せしめ、もつて公共の福祉を増進することを目的として、ここに日本国有鉄道を設立する。

**第２条** 日本国有鉄道は、公法上の法人とする。日本国有鉄道は、民法……又は……商法……の規定に定める商事会社ではない。

**「国鉄法」** によって、「日本国有鉄道」という法人が設立され、それまで国が経営していた鉄道事業を経営することになりました。

第１条には、能率的な運営を行い、国有鉄道の事業を発展させ、公共の福祉を増進するという目的が示されていました。

また、第２条には、国鉄は公法上の法人とすること、国鉄は商事会社ではないことが規定されていました。

## ○裁判で争われた「国鉄のすることは『公』のことなの？」

この「公共の福祉を増進」という言葉や、「公法上の法人」という言葉から、国鉄の行うことは『公』のことなのだろうか、という議論が裁判で交わされたことがあります。

例えば、国鉄の所有地を使って商売をしていた人に対して、国鉄が、その土地を返すように求めたという

裁判があります。そのうち2つを紹介しましょう。

　一つ目は、昭和44年の東京地方裁判所の判決（建物退去高架下用地明渡各請求事件・東京地裁昭和44年5月20日判決）です。

　この事件は、京浜東北線の高架下の土地を使っていた商業組合に対し、国鉄が、土地を返すように求めたものです。

　そこでは、国鉄の土地を貸し借りしているという関係が、民間の人同士の「賃貸借」と同じなのかどうかが問題になりました。

　これについて、判決は、国鉄が国家意思により設立され、その組織や資金上国と密接な関係が認められるとしても、そのことから国鉄の対外的資産活動がすべて公法によって規制されるものとはいえないという判断を示し、民間の人同士の賃貸借と同じであると指摘しました。

　二つ目は、同じく昭和44年の東京地方裁判所の判決（東京駅前広場ガソリンスタンド事件・東京地裁昭和44年4月5日判決）です。

　この事件は、東京駅前の広場を使ってガソリンスタンドを経営していた会社に対し、国鉄が、事業に用地を使うので返すように求めたものです。

　ここでも、国鉄の土地を貸し借りしているという関係が、民間の人同士の「賃貸借」と同じなのかどうかが問題になりました。

これについて、判決は、国鉄の事業の公共性は、国が経営していたときと変わらないから、国鉄の所有財産については公共性の立場からその法律関係を考えなければならないという判断を示し、民間の人同士の賃貸借とは異なるものだと指摘しました。

 どんな事例なのかで裁判所の判断は違ってくるから、なかなか難しいもんだね〜。

## ○国鉄のお仕事は

第 3 条には、日本国有鉄道という法人ができる業務について定められています。

まず、「鉄道事業」をできると書いてあります。これはまあ、国鉄ですから必須の規定ですね。

**（旧）日本国有鉄道法**
**第 3 条**　日本国有鉄道は、第 1 条の目的を達成するため、左の業務を行う。
　一　鉄道事業及びその附帯事業の経営

次に、「連絡船事業」をできるとされています。

　二　鉄道事業に関連する連絡船事業及びその附帯事業の経営

青函トンネルができるまで運行されていた「青函連絡船」が有名ですね。

また、「鉄道事業に関連する自動車運送事業」とも書かれています。国鉄の運営していた「国鉄バス」がこれに当たります。

> 三　鉄道事業に関連する自動車運送事業及びその附帯事業の経営

ここでは「鉄道事業に関連する」という限定がされていて、国鉄バスは、鉄道の代行や鉄道の補完という目的で運行されていました。

## ○「総裁」って、何をする人？

第12条・第13条・第19条には、国鉄の総裁など、重要な役職についての規定がありました。総裁は内閣が任命する役職で、国鉄を代表して業務を執行することと定められています。

> **（旧）日本国有鉄道法**
> **第12条**　日本国有鉄道に、総裁、副総裁及び技師長各1人並びに常務理事若干人を置く。
> **第13条**　総裁は、日本国有鉄道を代表し、理事会の決定に従い、日本国有鉄道の業務を執行する。
> **第19条**　総裁は、内閣が任命する。

　第 26 条から第 35 条までは、国鉄の職員についての
規定が置かれています。
　その中に、職員は全力を挙げて職務の遂行に専念し
なければならないという規定があります。

**（旧）日本国有鉄道法**
**第 32 条第 2 項**　職員は、全力をあげて職務の遂行に専念し
　なければならない。

　この規定をめぐる裁判が行われたことがありました。
　国鉄の職員が、勤務時間中に、組合活動として、賃
上げなどについて書いたリボンを制服に着けたことが
この第 32 条第 2 項に違反するかどうかが争われたの
です。

　国労青函地本リボン闘争事件控訴審（札幌高裁昭和
48 年 5 月 29 日判決）では、この規定の趣旨を次のよ
うに述べています。
　「日本国有鉄道法第 32 条第 2 項……の趣旨は、日本
国有鉄道……の職員は、勤務中は、……その精神的、
肉体的活動力の全てを職務の遂行にのみ集中しなけれ
ばならず、その職務以外のために、精神的、肉体的活
動力を用いることを許さないとするものである。」
　このように、国鉄職員は、活動力のすべてを職務の
遂行に集中しなければならないという趣旨の規定だと
した上で、リボンの着用については、

「本件リボンを着用することにより、組合活動を実行していることを意識しながら、その職務に従事していたものというべきであり、その精神的活動力のすべてを職務の遂行にのみ集中していたものでなかつたことは明らかである。よつて、被控訴人らが勤務時間中本件リボンを着用したことは、職務専念義務に違反するものである。」
と述べました。つまり、本件では、活動力のすべてを職務の遂行にのみ集中してはいなかったと判断したものです。

 国鉄って 38 年続いたんだね。今のＪＲよりも長い歴史があるんだね。

※参考文献：日本国有鉄道法研究会著『日本国有鉄道法解説』（1973年、財団法人交通協力会出版部）

# 鉄道会社

## 〜鉄道会社の法務部門の人って、どんなお仕事をしているの？

 「法鉄」を仕事にしている人がいるっていうけど、どんな人なんだろう……？

　「法鉄」にはまった人は、法鉄を自分の仕事にしたい！と思うかもしれませんね。でも、法鉄をお仕事にするというのは、どんなことをするのでしょうか？

　そこで、鉄道会社の法務部門の方に、どんなお仕事をしているのか、突撃インタビューを敢行しました。

　今回、ある鉄道会社で法務のお仕事をしている方お２人が、匿名を条件にインタビューに応じてくださいました。

　それでは、法鉄の現場へどうぞ！

### ◆主な業務は、コンプライアンスと契約書

—— 鉄道会社の法務の方は、どんなお仕事をされているのですか。

　私の勤めている会社では、法務部門の主な業務は、内部のコンプライアンス維持と社員教育、契約書のチェックなどです。鉄道分野以外の企業とあまり変わらないと思います。

―― どのような内容の契約が多いですか。

　工事の発注が多いですね。また、設備の保守契約もあります。そのほか、売買契約としては、電車の部品を買ったり、線路・枕木などを買ったりする契約があります。

◆どんな物を購入しているの？

―― 枕木も契約を結んで購入するのですね！　世の中の色々な物品を分類して掲載している「関税定率法」という法律では、枕木について、防腐剤がしみこませてあるかどうかで分類していて、興味深いです（※『法律って意外とおもしろい　法律トリビア大集合』p.140「法律に登場する鉄道関係の物品あれこれ」参照）。

　そうですね。ただし当社では、枕木はすべて国内のメーカーのものを購入しています。ＰＣ枕木（コンクリート製の枕木）、合成枕木（ガラス繊維等を使った枕木）といったものを購入します。

　木は劣化が早いので、本線には木製の枕木は使わず、ＰＣ枕木を使います。車両基地では、車両がゆっくり走るので、木製の枕木を使っている場所もあります。

―― 枕木の種類と使われ方について、具体的に知ることができて、興味深いです。では電車の部品は、どのような物を購入することが多いのですか。

　電車の部品の購入契約は、１年の中で定期的に案件が来るのですが、ブレーキの部品の購入が多いですね。そのほか、パンタグラフの購入契約もあります。

—— 契約内容から鉄道会社らしさが感じられます。

## ◆著作権関係や、テナントとの契約も
—— そのほかには、どんな契約書の審査がありますか。

　継続的に取引をする業者との間では、基本契約というものを結んでいるので、それをチェックすることがあります。調査の委託契約であるとか、工事の契約などです。

　そのほかには、電車のロゴマークの使用許諾や、高架下の商業施設に出店しようとするテナントさんとの契約もあります。

## ◆利用客とのトラブル案件も
—— お仕事では、どんな法律を扱っていますか。

　仕事で参照する法律は、「民法」や「商法」が多いですね。

—— どんな場合に、法律を参照されるのですか。

　駅で、お客様とのトラブルがあったときが多いです。事例は少ないですが、駅員が暴力を振るわれてケガを負うこともあります。

　そのほか、エスカレーターにお客様の荷物が挟まり、駅員が取り除いたら鞄が壊れたとか、お客様が他のお客様の吐いた物で滑ってケガをしたとか、お客様が酔ってガラスを割ったとか、様々なケースのトラブルがあります。

　相手との交渉ですんなり決着がつけばよいのですが、そうならないこともあります。

―― そのほかには、どんな法律を参照しますか。

先ほどお話しした、電車のロゴマークの使用許諾など、知的財産権にかかわる事項の場合は、「商標法」や「著作権法」を見ることもあります。

また、工事の発注契約を結ぶ際には、「建設業法」を確認することがあります。


―― 「鉄道事業法」など、鉄道事業について定めた法律は、お仕事で参照されますか。

鉄道会社であっても、法務部門は、一般に企業の法務部門が取り扱うような、契約書のチェックであるとか、コンプライアンスに関する業務を担当しています。

鉄道事業に特有の法令については、むしろ、原課である旅客担当の部署や、車両の運転を担当する部署が、参照しています。


◆ＳＮＳ時代ならではの社員研修
―― 社員研修もしているとのことですが、どのような内容の研修ですか。

新入社員研修や、社員が昇進した場合の研修を、年３回実施しています。

昇進すると、後輩の指導や、組織のマネジメントを担当するようになりますから、その機会に、コンプライアンスを順守することの大切さや、パワハラ・セクハラなどのハラスメント対策、また薬物使用の怖さ・重大性などについて学んでもらっています。

　また、軽い気持ちで不用意な行動をすると、ＳＮＳが発達した現代は、行動した内容がすぐに社名とともに拡散され、大変なことになってしまいますから、しっかり学んでもらう必要があります。

　それに、ＳＮＳで不用意なことを書き込んだりすることのないように、不用意な行動が重大な問題を引き起こす可能性があることも教育しています。

**◆多くの部署を支える仕事**

── 読者の方に、鉄道会社の法務のお仕事について、ＰＲをお願いいたします。

　鉄道会社の法務部門は地味な仕事が多く、表に出ることはあまりないのですが、社内の色々な部署に対して、地道にアドバイスをしています。

　調べて、チェックして、アドバイスして、社員教育も地道にやっています。

　華々しいことはありませんが、色々なアドバイスをして、それが相手の業務に役立つと、よかったなあと思います。

電車の部品や枕木を買う契約とは、さすが鉄道会社！
　それに、駅でのお客さんトラブルを解決するとか、高架下のお店のテナント契約とか、鉄道会社の法務ならではのお話がたくさん聞けたね！

第 **3** 章

発見！ レアもの法律
法律をめぐる "ルール"

法律って、世の中のルールを決めているものだけれど、法律の文章の書き方自体にも、いろんなルールがあるんだって！

　そして、法律の文章を書いている人たちに突撃インタビューしてきたよ！

　法律を書くお仕事って、どんなことをするんだろう？

# 法律をめぐる「きまりごと」

## 法律のことわざ

「ことわざ」は、国語の時間に色々習ったけれど、実は法律の世界にも、「ことわざ」があるんだって！

　法律の世界の「ことわざ」は、「法諺」（ほうげん）と呼ばれるもので、法律を作ったり使ったりする際の基本になる考え方が示されています。

　ここでは、そんな法律の世界のことわざを、いくつか紹介したいと思います。

### ○「法律なければ犯罪なし」

　まずは、「法律なければ犯罪なし」ということわざです。

　これは、フォイエルバッハという、19世紀前半に活躍したドイツの刑法学者の言葉で、法律に「○○という行為をしたら犯罪ですよ」と書かれていない限りは、その行為をしても犯罪にはならないという意味のことわざです。

例えば、他人の物を盗むことは窃盗罪として、10年以下の懲役又は50万円以下の罰金が科されると「**刑法**」に書かれています。

刑法
第235条　他人の財物を窃取した者は、窃盗の罪とし、10年以下の懲役又は50万円以下の罰金に処する。

仮に、法律にこのようなことが書かれていなかったとしましょう。

法律で犯罪だとされていなくても、人の物をとるのは悪いことですが、それを罰することが法律に書かれていなければ、刑罰を科されることはありません。

 そっか、人の物をとるのは悪いことだけれど、法律に「人の物を盗んだら窃盗罪になるよ、懲役や罰金が科されるよ」って書かれているから犯罪になるわけね。

このような考え方を「罪刑法定主義」といいます。

私たちの社会がこの「罪刑法定主義」をとっていることは、「**日本国憲法**」に書かれています。

日本国憲法
第31条　何人も、法律の定める手続によらなければ、その生命若しくは自由を奪はれ、又はその他の刑罰を科せられない。

## ○「目には目を、歯には歯を」

「目には目を、歯には歯を」という言葉は、今から およそ3800年前、バビロニアのハンムラビ王が定め た**「ハンムラビ法典」**に書かれているとされる言葉で す。

知ってる！ 人の目をつぶしたら、自分 の目もつぶされるって意味だよね……？

しかし、法律の世界では、それとはちょっと違い、「人 の目を傷つけた人は、自分の目をもって償うべきであ り、それ以上の罰は科さない」といった意味が含まれ ています。

つまり、刑罰は犯罪の内容や程度に応じて決められ るものであり、犯した罪に対して過度に重い刑罰を科 してはいけない、という考え方を示しているものです。

## ○「疑わしきは罰せず」

次は「疑わしきは罰せず」ということわざです。

この言葉も、見聞きしたことのある方は多いと思い ます。

例えばスーパーのミカン売り場で、ミカンが１個な くなったとしましょう。その場合に、たまたまスー パーの前を通りかかった人が、ポケットにミカンを 持っていたからといって、窃盗犯として刑罰を料され

るでしょうか。そうはならないですね。

やはり、ミカンを盗んだ場面を誰かが目撃していたとか、防犯カメラに映っていたとか、証拠がなければ、その人が盗んだと判断することはできません。

そのように、ある人が犯罪を行ったとして刑罰を科すには、その人が犯行を行ったという証拠が必要であることを示すのが、「疑わしきは罰せず」という言葉です。

この考え方は、**「刑事訴訟法」** に表れています。

**刑事訴訟法**
**第336条** ……被告事件について犯罪の証明がないときは、判決で無罪の言渡をしなければならない。

このように、犯罪が証明されないときは、無罪の判決をしなければならないとして、単に疑わしいというだけでは有罪とすることができないようになっています。

## 〇悪法もまた法なり

次は、「悪法もまた法なり」ということわざです。

例えば、「路上で鼻歌を歌ったら罰金1万円とする」という法律が、国会で可決され、成立したとします。

その場合、私たちは「そんな法律、むちゃくちゃだ！守る必要はない！」と、これからも路上で鼻歌を歌っ

てもよいのでしょうか。

ここで、「悪法もまた法なり」ということわざが登場します。

この言葉は、ひどい内容の法律であっても、法律として使われているならば、守らなければいけません、という意味を表しています。

もちろん、誰かが鼻歌を歌って起訴され、その裁判で、「鼻歌を禁止した法律は憲法違反である」という判決が出れば話は別ですが、そうならない限りは、法律に書かれていることを、自分の独断で破ると世の中が混乱してしまいますから、その法律が有効である間は守りましょう、ということになります。

## ○「権利の上に眠る者は、保護に値せず」

次は、「権利の上に眠る者は、保護に値せず」ということわざです。

例えば、15 年前に、友人から「今月苦しいから、お金を貸してくれないか」と頼まれて、1 年後に返すとの約束で 10 万円貸したとしましょう。

その頃は商売で大儲けをしていて、10 万円くらいのお金は大した額だと思っていなかったため、返済期限が来ても「そのうち返してもらえばいいか」くらいにしか思っていなかったとします。

しかし、15 年たって、今度は自分の商売が苦しくなり、日々の暮らしにも困るようになりました。

そんな時、「そういえば15年前に、あいつに10万円を貸したなぁ！」と思い、友人に、お金を返してくれと言いました。

　ところが、友人は「そんな昔のお金、もう返さなくていいだろう。返済期限から14年もたつのに、今まで一言も返せと言ってこなかったじゃないか」と、返してくれません。

　さて、この場合、友人から10万円を取り立てることはできるのでしょうか。

　このような場合に、「権利の上に眠る者は、保護に値しない」ということわざが登場します。

　返済期限から14年もたっているのに、一度も催促をしなかったのは、お金を返してもらう権利があるのに、それを使わないまま放置していたということで、そのような権利はもう法律で守るようなものではない、ということです。

　これを条文にしたものが、**「民法」**の時効の規定です。

**民法**
**第166条第1項**　債権は、次に掲げる場合には、時効によって消滅する。
　一　債権者が権利を行使することができることを知った時から5年間行使しないとき
　二　権利を行使することができる時から10年間行使しないとき

　このように、債権（上の事例でいうと、10 万円を返してもらう権利）を 10 年間使わなかったら、その債権は消滅してしまいます。

　権利というものは、それをちゃんと使ったり、私が持っていますよとアピールしたりすれば、トラブルが起こった場合に守ってもらえるけれども、そういう努力を何もせずに権利をほったらかしていた人は、いざというときに守ってもらえないということです。

やっぱり、友達との間でも、お金のことはきっちりしておかなきゃね。

## ○「法の不知はこれを許さず」

　最後に「法の不知はこれを許さず」ということわざを紹介しましょう。

　例えば、他人の物を盗んで捕まった人が、「物を盗んだら処罰されるなんて知らなかった。知っていたら盗まなかった。だから私は悪くない！」と言ったら、その人は処罰されずにすむのでしょうか。

　そんなことはありませんね。その人は窃盗犯として、最高で 10 年の懲役が科されることになります。

　それを表すのが、「法の不知はこれを許さず」という言葉です。

　つまり、法律に違反したとき、「そんな法律がある

なんて知らなかった」といっても許されないということです。

　**「刑法」**には、それを表す規定として、次のような条文があります。

　**刑法**
　**第38条第3項**　法律を知らなかったとしても、そのことによって、罪を犯す意思がなかったとすることはできない。
　　……

　このように、「法律を知りませんでした」という言い訳は通りませんよ、ということが、ちゃんと条文に書かれています。

え？　新しいことわざを作れって？
んー、「法律の小ネタはヒカリに聞け！」

※参考文献：伊藤正己、加藤一郎編『現代法学入門　第4版補訂版』
　　　　　（2005年、有斐閣）

# レアもの法律

> 法律の条文って、長いよね〜。一目で
> ぱっと見分かる条文って、ないのかな？

では、短い条文を紹介しましょう。改元の際に話題になった**「元号法」**には、こんな条文があります。

**元号法**
1 元号は、政令で定める。

この「元号は、政令で定める。」という規定は、句読点も含めて11文字です。

## ○会議に幹事を置く規定は、10文字になりやすい

そのほか、10文字の規定もあります。

まずは**「国家安全保障会議設置法」**という法律です。

> 国家安全保障会議設置法
> 第10条　会議に、幹事を置く。

「会議に、幹事を置く。」これで10文字です。

　中央省庁の組織について定めた**「国家行政組織法」**にも、10文字の規定があります。

> 国家行政組織法
> 第16条　各省に副大臣を置く。

　こうしてみると、何かの組織に、何かの役職を置くという規定は10文字になりやすそうですね。まずはその役職を置くことを宣言し、その役職がどんな業務をするかについては、別の条項で定めています。

 そういえば、生徒会の会則にも「生徒会に会長を置く。」っていうのがあった！10文字だ！

## ○団体を法人とする規定は、10文字になりやすい

　10文字の規定の中には、別のパターンもあります。

　例えば、**「国家公務員共済組合法」**の第4条です。

**国家公務員共済組合法**
**第４条** 組合は、法人とする。

そのほか、有名な法律にもこのパターンがあります。それは、**「会社法」**の第３条です。

**会社法**
**第３条** 会社は、法人とする。

このように、ある団体が法人格を有することを宣言する規定も、10文字でおさまりやすいようです。

 そういえば、「生徒会は、法人とする。」っていう規定が……さすがになかった。

## ～以前あった、9文字の規定

　昔の「**国家公務員共済組合法**」の第3条第1項は9文字だったんだよ！

> **（旧）国家公務員共済組合法**
> **第3条**　組合は法人とする。

　今の「国家公務員共済組合法」の第4条と同じ内容だけれど、昔の条文には「、」がついていなかったから9文字なんだよね。

## 俳句のような条文

 ここで一句。「体重計　そおっとのれば　軽いかも〜」

　法律の条文は、難しい用語が使われていたりして、覚えにくいことが多いですが、たまに俳句のような五七五調のリズムになっている条文に出会うと、すっと頭に入ってきますね。ここではそんな条文を見てみましょう。

## ○「学問の自由は、これを保障する」

　有名なものでは、**「日本国憲法」**第 23 条の、学問の自由について定めた条文があります。

> **日本国憲法**
> **第 23 条**　学問の自由は、これを保障する。

　がくもんの／じゆうはこれを／ほしょうする
と、五七五になっていますね。

## ○「裁判の対審及び判決は、公開法廷でこれを行ふ」

　同じく**「日本国憲法」**には、短歌（五七五七七）の

リズムのような条文もあります。

> 日本国憲法
> **第82条第1項**　裁判の対審及び判決は、公開法廷でこれを
>   行ふ。

　ちょっと字余りの箇所もありますが、うまく読めばリズムに乗って覚えられそうです。

## ○「相続は、死亡によって開始する」

　次も有名な五七五調の条文です。**「民法」**の相続編の最初の条文である第882条を見てみましょう。

> 民法
> **第882条**　相続は、死亡によって開始する。

　　そうぞくは／しぼうによって／かいしする
　と、ぴったり五七五調になっていますね。
　合計17字で一つの文になっていて、しかも、（法律なので）何らかの「きまり」が込められている文ということになると、なかなか制約が大きいですね。

## ○ちょっと苦しいけれど…「権利の濫用は、これをゆるさない」

　**「民法」**にはこんな規定もあります。

民法
**第1条第3項**　権利の濫用は、これを許さない。


　けんりのら／んようはこれを／ゆるさない
　と、区切りが悪いですが、一応これも五七五っぽい
ということで……。


## 〇条文の一部分が五七五になっている

　探索範囲を広げて、ある規定の一部分だけでもよい
ということにすると、こんな例があります。


刑法
**第15条**　罰金は、1万円以上とする。ただし、これを減軽す
　る場合においては、1万円未満に下げることができる。


　この**「刑法」**第15条の前段「罰金は、1万円以上
とする。」の部分だけ取り出してみると、
　ばっきんは／いちまんえんい／じょうとする
　というように、これもちょっと区切りが悪いですが、
五七五っぽくなっています。


## 〇大量発見！ 「理事会は、すべての理事で組織する」

　最後に、同じ内容の五七五調の文が、たくさんの法
律に書かれている例を見つけたので、紹介します。
　それは、**「信用金庫法」**などにある「理事会は、す

べての理事で組織する。」という規定です。

　このように、信用金庫の理事会の構成について定め
ている規定なのですが、
　　　りじかいは／すべてのりじで／そしきする
と、区切りもきれいで、文字数もぴったり五七五になっ
ています。
　そして、同じ規定が、**「一般社団法人及び一般財団
法人に関する法律」**にもあります。

　一字一句同じですね。
　「すべて」の部分が「全て」となっている法律も含
めると、12件の法律に同じ規定が見つかりました。

法律の勉強をするときに、五・七・五
の条文だと、覚えやすくていいよね。

## 「前文」なのに、法律の途中に書かれていた？

 法律の「前文」って第1条より前にあるものだよね。でも昔、法律の途中に「前文」が書かれていたらしいんだけれど…？

　法律の「前文」には、その法律が制定された背景や、法律の理念などが書かれています。

　「前文」という名前のとおり、第1条の前に書かれているわけですが、実は、かつて法律の途中に「前文」が書かれていた法律がありました。

　それは、旧**「海上衝突予防法」**です。

　現在の**「海上衝突予防法」**は、1977（昭和52）年に全部改正されたものですが、それ以前の旧法には、第3章と第4章に、章の「前文」がついていました。

　そのうち、旧法時代の第3章についていた「前文」を見てみましょう。

**（旧）海上衝突予防法**
　**第3章　霧中航行等**
　　**前文**
1　この章その他この法律の規定を遵守すべき義務は、レーダー情報を使用している船舶及び水上航空機についても、免除されるものではない。
2　運輸大臣は、衝突を防止するため、レーダー情報の使用について注意すべき事項を勧告するものとする。

現在使われている法律を探してみましたが、このように、途中に「前文」がある例は見つかりませんでした。

## ○前文がなくなった法律

前文がなくなった法律があるんだって。
どういうこと？

**「中小企業基本法」**という法律には、制定当初、前文がありましたが、後に削除されました。まずは、かつて存在していた前文を見てみましょう。

**中小企業基本法〔※制定当時の前文〕**

わが国の中小企業は、……国民経済のあらゆる領域にわたりその発展に寄与するとともに、国民生活の安定に貢献してきた。われらは、このような中小企業の経済的社会的使命が……、国民経済の成長発展と国民生活の安定向上にとつて、今後も変わることなくその重要性を保持していくものと確信する。

しかるに、近時、企業間に存在する……著しい格差は、中小企業の経営の安定とその従事者の生活水準の向上にとつて大きな制約となりつつある。他方、貿易の自由化、技術革新の進展、生活様式の変化等による需給構造の変化と経済の著しい成長に伴う労働力の供給の不足は、中小企業の経済的社会的存立基盤を大きく変化させようとしている。

このような事態に対処して、……中小企業の成長発展を図ることは、中小企業の使命にこたえるゆえんのものであると

ともに、……国民経済の均衡ある成長発展を達成しようとするわれら国民に課された責務である。

　ここに、中小企業の進むべき新たなみちを明らかにし、中小企業に関する政策の目標を示すため、この法律を制定する。

　この前文は、1999（平成11）年の改正で削除され、今はありません。なぜでしょうか。

　元の**「中小企業基本法」**は1963（昭和38）年に制定されたもので、中小企業の規模の拡大等によりその高度化、近代化を図り、大企業との格差を是正することを目的としていました。

　しかし、その後日本は急速な経済成長をとげ、消費者の価値観が多様化したことなど経済・社会が大きく変化しました。そのため、それまでの政策では、中小企業が抱える課題や新規創業の促進など新たな要請には十分にこたえられなくなってきました。

　そのため、法律を改正して、政策を抜本的に再構築することになりました。つまり、前文に記された考え方が変わったため、削除されたわけです。

　それでは、それに代わる新たな政策方針は、どこに書かれたのでしょうか。

　この時の改正の内容は、中小企業を我が国経済の活力の源泉であると位置づけ、機動性など中小企業ならではの独自の強みを発揮し活躍できるような政策へと転換すべく、独立した中小企業が多様で活力ある成長

発展をすることが基本理念とされました。

その考え方を表す規定として、この改正によって、第3条に次のような基本理念が書かれました。

**中小企業基本法**

**第3条** 中小企業については、……我が国の経済の基盤を形成しているものであり、特に、多数の中小企業者が創意工夫を生かして経営の向上を図るための事業活動を行うことを通じて、新たな産業を創出し、就業の機会を増大させ、市場における競争を促進し、地域における経済の活性化を促進する等我が国経済の活力の維持及び強化に果たすべき重要な使命を有するものであることにかんがみ、独立した中小企業者の自主的な努力が助長されることを旨とし、その経営の革新及び創業が促進され、その経営基盤が強化され、並びに経済的社会的環境の変化への適応が円滑化されることにより、その多様で活力ある成長発展が図られなければならない。

このように、新しい政策方針は、本文で示されたというわけです。

## 実は超レア！①道路交通法

「道路交通法」って、時々ニュースで聞くよね。この法律は、実は超レアな法律らしいんだけれど、どういうこと？

**「道路交通法」**には、道路での交通についてのルールがたくさん書かれており、細かく見ていくと色々と興味深いのですが、本書では、法律の書き方という点から**「道路交通法」**を見てみたいと思います。

### 〇とても珍しい法律

法律の書き方という点から見ると、実は**「道路交通法」**はとても珍しい法律です。例えば、急ブレーキを禁止している条文を見てみましょう。

道路交通法
**第 24 条**　車両等の運転者は、……急ブレーキをかけてはならない。
　　（罰則　第 119 条第 1 項第 1 号の 3）
**第 119 条**　次の各号のいずれかに該当する者は、3 月以下の懲役又は 5 万円以下の罰金に処する。
　　1 の 3　第 24 条（急ブレーキの禁止）の規定に違反した者

このように、第 24 条には、急ブレーキをかけてはならないということが書かれており、第 119 条には、

それに違反した人の刑罰について書かれています。

　一見よくある条文のように見えますが、どこが珍しいのでしょうか？

　答えは、第24条の最後にあります。急ブレーキをかけてはいけないということが書かれた後に、

（罰則　第119条第1項第1号の3）

と、これに関する罰則の場所が示されています。

　このような法律は、探した限りでは**「道路交通法」**しか見あたりませんでした。

## ○なぜこのように書かれた？

　このように罰則の場所が示されていると、法律を読む側としてはとても分かりやすいのですが、なぜこう書かれたのでしょうか？

　**「道路交通法」**の法案が国会で審議された時、政府から、「国民のだれでもがこの法律を容易に理解し得るように用語及び表現をできるだけ平易にすることに意を用いました」という説明がありました。

　そのような配慮の下に書かれた条文だったわけで、罰則の場所を分かりやすくしたこともその一環だったのでしょう。

## ○改正するときもこの方法で

　このような条文の書き方は、1960（昭和35）年の制定時だけでなく、その後改正により新しい条文が設

けられた時も採用されています。一例を見てみましょう。

　2013（平成 25）年に**「道路交通法」**が改正された際、次のような規定が新たに加えられました。

---

**道路交通法の一部を改正する法律**

**第 2 条**　道路交通法の一部を次のように改正する。

　　第 101 条の 4 の次に次の……条を加える。

　（免許を受けた者に対する報告徴収）

**第 101 条の 5**　公安委員会は、免許を受けた者が第 103 条……に該当するかどうかを調査するため必要があると認めるときは、…その者に対し、必要な報告を求めることができる。

（罰則　第 117 条の 4 第 2 号）

---

　このように、新たに加えられた条文にも、関連する罰則の場所がカッコ書きで示されています。

　　読む人たちに分かりやすい条文にしようという方針が、今も守られているんだね。

## 実は超レア！②国立国会図書館法

みなさん、初めて会う人には、自己紹介をしますよね。そのとき、まず名前を名乗り、そして、自分がどんな人なのかを説明します。

さて、突然ですが、法律は自己紹介をするのでしょうか？

 法律の題名があるんだから、自己紹介はいらなくない？

確かにそのようにも思えますが、実は、そういう法律があります。

### ○自分の名前を名乗っている法律

それは、**「国立国会図書館法」**という法律です。

**国立国会図書館法**
**第1条** この法律により国立国会図書館を設立し、この法律を国立国会図書館法と称する。

確かに、後段で「この法律を国立国会図書館法と称する。」といっていますね。このような法律は、現存するものでは他に1件しか見当たりません。

この条文をめぐっては、国会でも議論がありました。

　この法律の案は、終戦後、日本が連合軍の占領下にあったときに、アメリカから図書館分野の専門家を招いて作成されたものです。

　国会審議では、「題名を見れば分かるのだから、わざわざ条文に法律の名称を書く必要はないのではないか」という指摘がありましたが、法案をとりまとめた議員から、疑義が残らないように書いておくのがよいとアメリカ側がいっており、そのまま通してほしいとの返答がありました。

　最終的には委員長と事務方に一任することになり、自己紹介の条文が残りました。


## 〇四つの文からなる条項

　**「国立国会図書館法」** には、ほかにも超レアなポイントがあります。

　法律の条文をみると、一つの条項は、たいていの場合一つか二つの文からできています。例えば、**「民法」** 第 5 条は、二つの文からできています。


> **民法**
> **第 5 条**　未成年者が法律行為をするには、その法定代理人の同意を得なければならない。ただし、単に権利を得、又は義務を免れる法律行為については、この限りでない。

　なお、ここでは、条文の中にカッコ書きで別の文がある場合は除きます。例えばこんな条文です。

**民法**

**第10条** 第7条に規定する原因が消滅したときは、家庭裁判所は、本人、……後見人（未成年後見人及び成年後見人をいう。以下同じ。）、後見監督人（未成年後見監督人及び成年後見監督人をいう。以下同じ。）……の請求により、後見開始の審判を取り消さなければならない。

　さて、「国立国会図書館法」には、なんと四つの文からできている条項があります。それは副館長について定めた規定で、次のようになっています。

**国立国会図書館法**

**第9条** 国立国会図書館の副館長は、1人とする。副館長は、館長が両議院の議長の承認を得て、これを任免する。副館長は、図書館事務につき館長を補佐する。館長に事故があるとき、又は館長が欠けたときは、副館長が館長の職務を行う。

ほとんどの法律では、こういう規定は、別々の項に分けて書かれているから、この条文はとても珍しい例なんだってね。

## 同じ題名の法律がある

同じ題名の法律があるって聞いたけれど、それじゃあどっちがどっちか分からないんじゃないの？

　同じ題名の法律が二つ、三つとあることは考えにくい……と思いますが、実はあります。

### ○同じ題名の法律が同時に改正された

　まずは、**「漁船再保険及漁業共済保険特別会計における漁業共済に係る保険金の支払財源の不足に充てるための一般会計からする繰入金に関する法律」** という法律です。

　これは、題名のとおり、国の一般会計から **「漁船再保険及漁業共済保険特別会計」** という特別会計に繰り入れを行うための法律で、

　・昭和63年法律第3号
　・平成7年法律第7号

の2件あります。

　さらに、この二つの法律は、同時に改正されたことが2回あります。

　そのうち、2013（平成25）年に行われた改正を見てみましょう。

> **特別会計に関する法律等の一部を改正する等の法律**
> **附則第 32 条**　漁船再保険及漁業共済保険特別会計における
> 漁業共済に係る保険金の支払財源の不足に充てるための一
> 般会計からする繰入金に関する法律（昭和 63 年法律第 3
> 号）の一部を次のように改正する。
>
> ……
>
> **附則第 34 条**　漁船再保険及漁業共済保険特別会計における
> 漁業共済に係る保険金の支払財源の不足に充てるための一
> 般会計からする繰入金に関する法律（平成 7 年法律第 7 号）
> の一部を次のように改正する。
>
> ……

　法律番号以外は全く同じ条文なので、事情を知らず
に読むと、何かの間違いかなと一瞬思ってしまいそう
ですね。

## ○「地方公共団体の議会の議員及び長の選挙期日等の臨時特例に関する法律」

　その他にも、4 年に一度めぐってくる統一地方選挙
のために、市町村長や議会の議員の選挙日をそろえる
よう、公職選挙法の特例を定めた**「地方公共団体の議
会の議員及び長の選挙期日等の臨時特例に関する法
律」**という法律があります。

　この題名の法律は、これまでに 17 件制定されてい
ます。

## 〇「罹災都市借地借家臨時処理法第 25 条の 2 の災害及び同条の規定を適用する地区を定める法律」

　最後は、いずれも既に廃止された法律ですが、**「罹災都市借地借家臨時処理法第 25 条の 2 の災害及び同条の規定を適用する地区を定める法律」** という題名の法律が、かつて 10 件ありました。

　この 10 件の法律は、**「罹災都市借地借家臨時処理法」** という法律に基づいて定められていたものです。

　**「罹災都市借地借家臨時処理法」** は、もともと、空襲など、戦争によって建物が滅失した場合に、その建物を借りていた人を救済する措置などを定めていた法律ですが、改正によって、大きな火災などの災害によって滅失した建物にも準用されるようになりました。そして、適用される災害や地区は、別に法律で定めることとされていました。

**〔旧〕罹災都市借地借家臨時処理法**
**第 25 条の 2**　第 2 条……の規定は、別に法律で定める火災、震災、風水害その他の災害のため滅失した建物がある場合にこれを準用する。……
**第 27 条第 2 項**　第 25 条の 2 の規定を適用する地区は、災害ごとに法律でこれを定める。

　この法律は 1956（昭和 31）年に改正され、対象となる災害や地区を法律ではなく政令で定めることとされましたが、それまでの間に 10 件の法律が定められました。それらがいずれも同じ題名だったというわけ

です。

　その中で最初に作られた法律を見てみましょう。こ
れは、戦後の火災の中で最も焼損面積が大きいといわ
れる、1947（昭和 22）年の「飯田大火」などを対象
としていました。

**(旧) 罹災都市借地借家臨時処理法第 25 条の 2 の災害及び同
条の規定を適用する地区を定める法律（昭和 22 年法律第 160
号）**
　罹災都市借地借家臨時処理法第 25 条の 2 の災害を左表上
欄記載の通り、同欄記載の災害につき同条の規定を適用する
地区を同表下欄記載の通り定める。

| 災　　　　　　　害 | 地　　　　　　　区 |
|---|---|
| …… | …… |
| 昭和 22 年 4 月 20 日長野県飯田市におこつた火災 | 長野県飯田市 |
| …… | …… |

　そして、これらの 10 件の法律は、2013（平成 25）
年に、元となる**「罹災都市借地借家臨時処理法」**が廃
止された際、一斉に廃止されました。そのときの条文
を見てみましょう。

**大規模な災害の被災地における借地借家に関する特別措置法
附則第 2 条**　次に掲げる法律は、廃止する。
　　一　罹災都市借地借家臨時処理法（昭和 21 年法律第 13 号）
　　二　罹災都市借地借家臨時処理法第 25 条の 2 の災害及び
　　　　同条の規定を適用する地区を定める法律（昭和 22 年法
　　　　律第 160 号）

三　罹災都市借地借家臨時処理法第 25 条の 2 の災害及び同条の規定を適用する地区を定める法律（昭和 23 年法律第 227 号）

四　罹災都市借地借家臨時処理法第 25 条の 2 の災害及び同条の規定を適用する地区を定める法律（昭和 24 年法律第 51 号）

五　罹災都市借地借家臨時処理法第 25 条の 2 の災害及び同条の規定を適用する地区を定める法律（昭和 25 年法律第 146 号）

六　罹災都市借地借家臨時処理法第 25 条の 2 の災害及び同条の規定を適用する地区を定める法律（昭和 25 年法律第 224 号）

七　罹災都市借地借家臨時処理法第 25 条の 2 の災害及び同条の規定を適用する地区を定める法律（昭和 27 年法律第 1 号）

八　罹災都市借地借家臨時処理法第 25 条の 2 の災害及び同条の規定を適用する地区を定める法律（昭和 27 年法律第 139 号）

九　罹災都市借地借家臨時処理法第 25 条の 2 の災害及び同条の規定を適用する地区を定める法律（昭和 30 年法律第 181 号）

十　罹災都市借地借家臨時処理法第 25 条の 2 の災害及び同条の規定を適用する地区を定める法律（昭和 30 年法律第 192 号）

十一　罹災都市借地借家臨時処理法第 25 条の 2 の災害及び同条の規定を適用する地区を定める法律（昭和 31 年法律第 70 号）

第2号から第11号まで、同じ題名の法律が10件も並んでいて、壮観な眺めだね〜。

## 公布されてから44年間、施行されていない法律がある

 法律って、決まったらすぐに守らなきゃいけないの？　準備する時間がないと困ることもあるんじゃない？

　法律は、国会で可決されると、すみやかに、官報に掲載されることによって公布されます。

　そして、公布された日から施行される法律もあれば、関係する事業者や行政機関などが準備を必要とするために1年、2年といった期間を置いて施行される法律もあります。

　例えば、2018（平成30）年に、成人の年齢を20歳から18歳に引き下げる**「民法」**の改正が公布されましたが、この改正は、2022（令和4）年4月に施行される予定です。4年近い準備期間を置いているわけです。

　さて、**「経済協力開発機構金融支援基金への加盟に伴う措置に関する法律」**という法律は、今から44年前の1976（昭和51）年に公布されたのですが、まだ施行されていません。

**経済協力開発機構金融支援基金への加盟に伴う措置に関する法律〔※現在未施行〕**
**第1条**　この法律は、経済協力開発機構金融支援基金（以下

「基金」という。）へ加盟するために必要な措置を講じ、及び経済協力開発機構金融支援基金を設立する協定（以下「協定」という。）の円滑な履行を確保することを目的とする。

1973（昭和48）年の石油ショックにより、各国の国際収支状況が大きく混乱しました。そこで、1976（昭和51）年、経済協力開発機構（ＯＥＣＤ）に、加盟国がお互いに経済的な支援をし合うための「金融支援基金」を設けるという協定が結ばれました。

この法律は、上記の第1条に書かれているように、日本が「金融支援基金」に加盟し、必要な取引を行うための規定を整備する目的で制定されたものです。

そして、この法律は、協定の効力が発生する日から施行すると規定されています。

**経済協力開発機構金融支援基金への加盟に伴う措置に関する法律**
　　附則　1　この法律は、協定の効力発生の日から施行する。

しかし、その協定の効力が発生しないまま現在に至っており、この法律も施行されていないというわけです。

## 〇施行されていない間でも、条文が改正されている
この法律は、このようにまだ施行されていませんが、条文が改正されたことがあります。

　この法律の第 4 条は、現在は次のようになっています。

　経済協力開発機構金融支援基金への加盟に伴う措置に関する
　法律
　第 4 条　政府は、……貸付け……のため必要がある場合には、
　　　……外国為替及び外国貿易法……第 16 条の 2 に規定する
　　　銀行等……から、……預入を受け、又は借入れを行うこと
　　　ができる。

　この条文にある**「外国為替及び外国貿易法」**という
法律は、1997（平成 9）年に改正されるまでは**「外国
為替及び外国貿易管理法」**という題名でした。また、
現在引用されている「第 16 条の 2」という条も、改
正前は「第 11 条」でした。
　そのように、引用している法律の題名や条が改正さ
れた際、それを反映し、この第 4 条の条文も改正さ
れ、現在の姿になったのです。

いつでも使い始められるように、ちゃ
んとメンテナンスをしているんだね。

# 3

## 法律って、どうやって作っているの？

### 刑法から「削除」された規定、どんな犯罪が書かれていた？

城跡とか歩くのって、昔の人ってどんなことを考えてたのかなとか思いをはせたりして、エモいよね〜。
で、法律にも、城跡みたいなものがあるっていうんだけれど、どういうこと？

法律を見ていると、史跡を歩くときと似たような感慨を抱くことが時々あります。

それは、今はない条文の跡、つまり、

「第○条　削除」

という文字を見たときです。

「削除」と書かれているのを見ると、「もとはどんな規定があったんだろう？」と興味がわいてきます。

ここでは**「刑法」**を例にとって、「削除」とされている箇所を見てみましょう。

一度犯罪とされた行為が、犯罪でなくなるということはあまりなさそうな気がしますが、現在の**「刑法」**の中には、「削除」と書かれているところが11か所あ

ります。

 ってことは、昔は犯罪だったけれど、今は犯罪じゃないことがあるの？

削除される以前は何が書かれていたのでしょうか。

## ○皇室に対する罪

「刑法」の「第二編　罪」の部分には、様々な犯罪が列挙されていますが、その冒頭は以下のようになっています。

> 刑法
> **第 73 条から第 76 条まで　削除**

このように、いきなり冒頭の四つの条が「削除」となっています。

これは昭和 22 年の改正により削除されたものですが、もともとは皇室に対する罪が規定されていました。

削除される前の条文を見てみましょう。

> 刑法（※昭和 22 年改正前の条文）
> **第 73 条**　天皇、太皇太后、皇太后、皇后、皇太子又ハ皇太孫ニ対シ危害ヲ加ヘ又ハ加ヘントシタル者ハ死刑ニ処ス
> **第 74 条**　天皇、太皇太后、皇太后、皇后、皇太子又ハ皇太

　第73条と第74条には天皇、皇后、皇太子などに対
して危害を加えたり、不敬行為を行ったりした場合に、
死刑や懲役刑が科されると規定されていました。

　そして、続く第75条と第76条には、皇族に対して
同様の行為をした場合について、少し軽い刑が規定さ
れていました。

　住居に侵入すると、住居侵入罪（刑法第130条）と
して３年以下の懲役など刑が科されますが、その規定
に続く第131条は「削除」となっています。

　そこには、かつて、皇居などに侵入すると３か月以
上５年以下の懲役が科されるという、一般の住居侵入
罪より重い刑が科されることが規定されていました。

**刑法〔※昭和22年改正前の条文〕**
**第131条第1項**　故ナク皇居、禁苑、離宮又ハ行在所ニ侵入
シタル者ハ３月以上５年以下ノ懲役ニ処ス

　終戦後、これらの規定は削除されましたが、かとい
って、どんな罪にも当たらなくなったというわけでは
ありません。

　天皇や皇族に危害を加える行為は、現在の**「刑法」**
でも、傷害などの罪に当たりますし、皇居などに侵入

すれば、住居侵入罪などに当たりますから、犯罪でなくなったということではないですね。

## ○敵国を利する行為

　第 83 条から第 86 条、また 89 条も、「削除」となっています。

　これも、皇室に対する罪と同じく、1947（昭和 22）年の改正で削除されたものですが、その前は、軍の施設を壊したり、敵国のためにスパイ行為を働いたりする行為を罰する規定がありました。また、第 89 条には、日本の同盟国に対して同じ行為をした場合も、同様の刑罰が科されることが規定されていました。

　例えば、以前の第 83 条は次のようになっていました。

**刑法〔※昭和 22 年改正前の条文〕**
**第 83 条**　敵国ヲ利スル為メ要塞、陣営、艦船、兵器、弾薬、汽車、電車、鉄道、電線其他軍用ニ供スル場所又ハ物ヲ損壊シ若クハ使用スルコト能ハサルニ至ラシメタル者ハ死刑又ハ無期懲役ニ処ス

## ○姦通罪

　「刑法」第 183 条も「削除」となっています。そこには、かつて「姦通罪」が規定されていました。

: 刑法〔※昭和 22 年改正前の条文〕
: 第183条第1項　有夫ノ婦姦通シタルトキハ二年以下ノ懲役
　ニ処ス其相姦シタル者亦同シ

　この規定では、姦通した妻と、その相手が罰される
とされていました。

　1947（昭和22）年に、**「刑法」**の改正案が国会で審
議されたとき、内閣が提出した改正案では、姦通罪を
廃止する内容になっていましたが、議員の中からは異
論も出されました。

　その異論というのは、姦通罪は廃止すべきではなく、
むしろ、男女平等の観点、また、敗戦後の風紀が退廃
していることなどの理由から、妻が姦通した場合のみ
を処罰の対象とするのではなく、夫が姦通した場合も
処罰の対象とすべきである、という意見でした。

　これに対しては、刑罰ではなく、むしろ道徳を高め
ることによって対応していくべきであるという意見な
どが出され、結局は原案のとおり削除となりました。

## ○尊属殺人罪

　第200条も「削除」となっています。この部分は、
1995（平成7）年の **「刑法」** 改正の際に削除されたの
ですが、改正前は次のようになっていました。

**刑法〔※平成 7 年改正前の条文〕**

**第 200 条**　自己又ハ配偶者ノ直系尊属ヲ殺シタル者ハ死刑又
　　ハ無期懲役ニ処ス

　この規定は、1973（昭和 48）年に最高裁判決で憲法違反と判断されたため、適用されなくなり、1995（平成 7）年の改正で削除されました。

　条文があった跡を調べてみると、世の中の移り変わりが分かるね！

## 実家を出て独立した法律

 法律が家出するの！？　どういうこと？

### ○民法が実家です……社団法人、財団法人

みなさんの中には、最近、実家を出て、遠い街で一人暮らしを始めた方がいらっしゃるかもしれません。また、家族が進学や就職で実家を出て行ったという方もいらっしゃることでしょう。

巣立っていったきょうだいやお子さんが使っていた部屋を眺めると、色々な思い出がよみがえってくる……という方も多いと思います。

さて、法律にも、ある法律の中に書かれていた規定が独立して、別の法律になったというものがあります。

おなじみ「民法」にも、そのような箇所があります。

それは、社団法人と財団法人について規定されていた部分です。

2006（平成18）年に、社団法人、財団法人についての規定を定めた「一般社団法人及び一般財団法人に関する法律」と「公益社団法人及び公益財団法人の認定等に関する法律」が作られた際、「民法」にあった規定は削除されました。

　現在、その箇所が次のように、いわば「空き部屋」
のようになっています。

> 民法
> **第38条から第84条まで**　削除

## ○出て行った方が大きい？……商法

　**「商法」**からは、2005（平成17）年、会社に関する
規定が独立して、**「会社法」**が作られました。

　その跡は、現在、とても長い「削除」の箇所になっ
ています。

> 商法
> **第32条から第500条まで**　削除

　**「商法」**は、第850条まである法律ですが、その中
で、この469条分が空いていますから、残った分より
も、出て行った方が大きいですね。

## ○「実家」は建て替えられて……民事保全法

　**「民事保全法」**は、1989（平成元）年に、**「民事訴訟
法」**の一部と**「民事執行法」**の一部が独立し、あわせ
て一つの法律として、民事保全の制度を改善しようと
制定されました。

　**「民事保全法」**の附則にはその痕跡が残っています。

**民事保全法**

**附則**

（民事訴訟法の一部改正）

**第2条**　民事訴訟法の一部を次のように改正する。

　　……

　　第6編の編名を削り、第514条から第763条までを次のように改める。

**第514条乃至第763条**　削除

　　……

　（民事執行法の一部改正）

　　民事執行法の一部を次のように改正する。

　　……

　　第3章の章名を削り、第174条から第180条までを次のように改める。

**第174条から第180条まで**　削除

　このように、**「民事訴訟法」**の第6編と、**「民事執行法」**の第3章を統合して、**「民事保全法」**が作られました。

　そして、もともとあった規定の箇所は「削除」とされました。

　その後、**「民事訴訟法」**は1996（平成8）年に全部が改正され、「削除」と書かれていた部分もなくなりました。まるで、子どもが独り立ちした後、実家が建て替えられたかのようですね。

　また、**「民事執行法」**の第174条〜177条と第180条には新しい規定が置かれ、現在は第178条と第179

条が「削除」となっています。

**民事執行法**
**第 178 条及び第 179 条　削除**

　まるで、空いた子ども部屋の一部を、家族が使っているかのようですね。

 こうしてみると、法律の移り変わりもドラマみたいだね。

# 衆議院法制局

## ～法律って、どうやって作ってるんですか？

 これまで、法律の面白い話を色々見てきたんだけど、こういう法律の条文って、どんな人が書いてるのかな？

　法律って、どんなふうに作られているのでしょうか？法律の条文を書いている人は、どんな日々を送っているのでしょうか？　そこに見たのは、社会への熱い思いがあふれる物語でした。

**◆法律を生み出す精鋭たち**

　私たちは、立法を担う国の機関の一つである「衆議院法制局」を訪ね、4人の若手職員の方々にお話を伺いました。

　衆議院法制局は、国会議事堂の道を挟んだすぐ横にあり、窓からは国会議事堂が目の前に見えます。

衆議院法制局のみなさん。左から、

白石豊さん（入局７年目・法制企画調整部基本法制課）

石黒未有さん（入局５年目・第一部第一課）

秋丸愛さん（入局４年目・法制企画調整部基本法制課）

関涼さん（入局４年目・第一部第二課）

### ◆議員の「政策（おもい）」を「法律（かたち）」にする仕事

——衆議院法制局という機関について教えてください。

（白石さん）　私たちの所属している衆議院法制局は、衆議院議員の立法活動を法制的側面から補佐する組織です。衆議院議員が提出する法律案の立案・審査を担当するとともに、国会審議において法律案の修正が行われる場合には修正案の立案・審査を担当しますし、憲法問題・法律問題に関する国会議員からの照会を受けて調査回答することも私たちの職務です。

　国会議員が行いたいと考える政策を、公平・中立に、法律案という「一定のルールにしたがって作成される、特殊

な形式の日本語」に変換していく、いわば、議員の「政策（おもい）」を「法律（かたち）」にする仕事です。

——衆議院法制局には、何人ぐらいの方が勤めていらっしゃいますか。

白石さん

（白石さん）　定員86名で、そのうち庶務部門を除く70名弱の職員が、法律案の立案を担当しています。それらの職員は、衆議院に置かれている内閣委員会、法務委員会などの委員会に対応する形で担当が分かれ、6部・12課にそれぞれ配属されています。1つの課に5～6名の職員がいます。

　また、省庁、裁判所からの出向者や、地方公共団体からの研修員、任期付職員の弁護士といった、外部から来ている職員の方々も、1つの課に1～2名程度います。


◆法律の条文は、どのようにして作られるの？
——法制局では、法律の案をどのようにして作っているのですか。

（白石さん）　国会議員が提出する「議員立法」の立案は、議員、議員秘書、政党の政策スタッフといった方々から立案依頼を受けることによって始まります。依頼内容は、「こういう新しい法制度をつくりたい」とか「今の法制度のここをこう改正したい」という具体的なものから、「こ

ういうことが問題だと思うがどうしたらよいか」という漠然としたものまで、様々です。そこで、まずは依頼議員の実現したい政策内容を確認し、把握することから作業は始まります。以降、依頼議員とは頻繁に接触してお話を伺いながら、徐々に政策構想を具体化していきます。

　政策構想が固まってくると、次に、その法制度化の検討に進みます。依頼議員の考えている政策をどのような方法で実現していくべきかについて、憲法上の問題はないか、既にある他の法律との整合性はとれているか、といった法制的な観点から検討を加えていきます。そして、そのような検討を踏まえて、依頼議員とのキャッチボールを何度も繰り返しながら、法制度の全体像を設計していきます。

——条文を書く前に、まず、どんな政策を目指しているのかを確認した上で、それを法制度にするための様々な検討を行うわけですね。

（白石さん）　そのようにして法制度の骨格が決まると、いよいよ、それを「第○条　……」といった具体的な条文の形にしていきます。その過程では、表現の正確さと分かりやすさのバランスをとりながら、どのような条文にするかを考えていきます。

——とても高度な作業が求められていますね。

（白石さん）　そうですね。立法技術を駆使して条文を作る、専門的・技術的な、いわば職人的な作業です。

　そのようにして書いた条文の原案は、順次、部長、法制

次長、法制局長による審査に付されます。この局内審査を
クリアすれば、ひとまず条文は完成ということになります。

——条文ができ上がると、ついに国会に提出されるわけで
すね！

（白石さん）　いえいえ、国会に提出される前に、まだ必要
な手続があります。

　条文ができ上がると、「党内手続」という、依頼議員の
所属政党における内部手続に入ります。

　そこで、私たち衆議院法制局も、事前に図や表を交えた
分かりやすい説明用の資料を作成するなどした上で、依頼
議員が政党の会議で説明するのに同行し、他の議員からの
質問に対応します。

　そのように党内手続を終えて初めて、法律案は国会に提
出されることになります。

——なるほど！　所属する政党が賛成してくれないと、法
律案を国会に出しても賛成してくれる人がいないですよね。
それでは、晴れて国会に提出されると、法制局のお仕事は
完了ということになりますか。

（白石さん）　いえ、まだまだありますよ。国会での審議に
備え、まずは、他の議員から出されると想定される質問に
対して、どのように答弁するかの案をあらかじめ作ります。
これを「基本想定問答」と呼びます。

——答弁の案は、どのようにして作るのですか。また、実

際の審議ではどのように使われるのですか。

（白石さん）　実際に衆議院の委員会で審議が行われる場合、その前日までに質問の通告があるので、議員の事務所に伺って質問の趣旨や内容を確認する、いわゆる「質問取り」を経て、先ほどの「基本想定問答」を活用しつつ、必要に応じて新たに答弁を書き下ろして、通告のあった質問に対する「臨戦的想定問答」（答弁案）を作ります。そして委員会の当日は、依頼議員の後ろに控えて答弁をサポートします。

　法律案が衆議院で可決されて参議院に送付された後も、衆議院議員が提出した法律案である以上、参議院での審議が行われるときも引き続き私たち衆議院法制局でサポートをします。

　以上のような過程を経て、法律案が無事参議院でも可決されれば、晴れて成立となります。


――参議院の審議でもサポートをされるということですが、衆議院と参議院とでは、何か違いがありますか。

（白石さん）　率直に言えば、「両議院では、流れている空気が違う」と感じます。衆議院には常に解散を意識した緊迫感が満ちているのに対し、参議院は、6年間という議員の任期を背景に、会派（議院内で共に活動する議員のグループ）の垣根なく、衆議院から送付されてくる法案をしっかりとチェックしようという雰囲気があります。委員会に臨むに当たっての緊張感はどちらの議院でも変わりはありませんが、とりわけ参議院においては、衆議院と同じ

政党を母体とする、法案に賛成している会派の議員であっても、ときに厳しい質問をされることもあります。

また、今日は「法律トリビア」さんの取材ということで若干細かいことも申し上げると、国会議事堂は、正面から見て左側が衆議院、右側が参議院で、建物の外観は左右対称になっていますが、内部の細かいところが完全に同じというわけではありません。そういうわけで、衆議院であれば、委員会当日はこの場所で答弁者の議員と打ち合わせて、そのまま委員会が開かれる部屋へ向かう、というような動線が容易に想像できますが、参議院の場合には、それがそのまま当てはまらず、戸惑うことがあります（笑）。


**◆若手職員として**
——みなさんは、今はどの部署で、どんなお仕事をされているのですか。
**●条文のたたき台を書く**
（白石さん）　私は平成25年9月に入局し、現在7年目です。法制企画調整部基本法制課に所属しています。基本法制課は憲法、選挙制度などを担当しています。前提として、どの課でもそうだと思うのですが、法律案の立案過程のうちどの部分が誰の担当というのを厳密に分けているわけではなく、チームで仕事をしています。

——**法律案の立案作業は、具体的にはどう進めるのですか。**
（白石さん）　法律案の立案をするときは、現在使われている法律（現行法）の条文の解釈や、その条文が現場でどの

ように運用されているかといったことや、条文の表現の前例があるかどうかなどを調べます。同じような状況下において前例の表現に従うことは、法的安定性に資し、また、国民の予測可能性を高めることにつながることから、前例の調査は大変に重要であると考えています。

　また、立案しようとしている法律案の内容が、憲法や現行法の内容と食い違ったりしていないかなど、法的な論点を検討する必要もあります。

　私のいる課の場合、まずは私ぐらいの若手職員がそのような調査・検討をした上で条文のたたき台を作り、課の先輩や上司のチェックを受ける、というやり方をすることが多いです。


——最近ではどんな条文を書かれましたか。

（白石さん）　最近では、現在国会に提出されている、「日本国憲法の改正手続に関する法律」の改正案の原案を書きました。これは、一般の選挙について定めている「公職選挙法」の規定が改正され、投票環境を向上する改正がされたことにあわせて、憲法改正の国民投票についても、より投票しやすい環境となるように改正をしようとするものです。

### ●国会の動向を把握する

（石黒さん）　私は平成28年に入局して、現在5年目です。平成30年8月から第一部第一課に所属しています。

　第一部第一課は、衆議院法制局の中で最も幅広い分野を担当している課で、具体的には、衆議院の内閣委員会、安

全保障委員会、沖縄及び北方問題に関する特別委員会、消費者問題に関する特別委員会を担当しています。行政機関でいうと、内閣府、内閣官房、防衛省、消費者庁の所管分野に当たります。

石黒さん

第一部第一課には課長を含め５名の職員がいますが、私はその中で一番若手なので、調べ物をしたり、法律の条文のたたき台を書いたり、法律案を国会に提出する時期が来ると資料の印刷などもします。

また、委員会ごとに、委員会の日程や扱う議題などを決める場である理事会があるのですが、そこに陪席して、所管の委員会の開催予定や、今後の審議のスケジュールなどの動向を把握するという仕事もあります。

——法案審議が始まってからは、どんなことをしていますか。

（石黒さん）　国会審議では、法案を提案した議員が行う答弁の補佐をしています。具体的な流れとしては、国会審議の前日までに、質問をする議員がどのような質問をする予定かという通告があるので、必要に応じて電話で問合せをし、場合によっては議員の事務所に伺って質問の趣旨や内容を確認し、答弁の案を作成します。国会審議の当日には、この答弁案を元に答弁する議員と打合せを行い、最終的な答弁内容が固まります。そして、審議が行われる委員会に

おいても答弁する議員の側に控え、質問への対応に備えています。

### ●時代にあった表現を探る

（秋丸さん）　私は平成29年に入局して、現在4年目です。法制企画調整部基本法制課に所属しています。私は、法案作成のための下調べや、議員へのレクチャーに同行してメモ取りなどもしています。

——下調べというのは、どんなことをするのですか。

（秋丸さん）　法律の条文中で「この言葉を使いたい」という候補があるときに、それが今まで法律で使われたことのある言葉か、使われているとしたらどういう文脈で

**秋丸さん**

使われているのかといったことを調べます。

そして、その言葉で今回表現したい事柄を言い表すことができているのか、他にもっと適切な言葉があるかということを検討します。古い言葉だから使えないということではありませんが、法律の条文の表現としてふさわしいものならば、新しい言葉の方がよりよいでしょう。

また、法案に用いることができる常用漢字が追加されるなど、表記のルールが変わったときには、ルールが変わる前の使い方をしないよう気を配る必要もあります。

### ●上司との距離が近い職場

（関さん）　私は平成29年に入局して、現在4年目です。私

が所属する第一部第二課は、総務委員会、地方創生特別委員会を担当しており、政策分野としては地方自治、情報通信、行政評価、地方創生等の多くの分野となっています。これに対応する国の役所としては、総務省、内閣府、内閣官房があります。

業務の中心は議員立法の立案ですが、法律問題に関する照会への回答も行います。照会のあった内容について、メモを作り、その回答の第一案を作ります。1人で作って課長のチェックを受けることもありますし、直接部長に報告することもしばしばです。この職場は、上司との距離が近いことも大きな特徴ですね。

若手職員のやりがいということで言えば、立案の過程では、議員による政治的な動きの大きい会議に同席することもあります。

——議員の大きな会議というと、どんな雰囲気ですか。
（関さん）会議の雰囲気は法案の内容によります。時には党内で意見が分かれる法案もありますが、反対が少ない法案のときは「いけいけどんどん」という雰囲気になります。

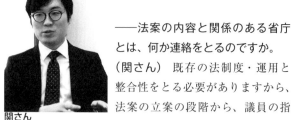

——法案の内容と関係のある省庁とは、何か連絡をとるのですか。
（関さん）既存の法制度・運用と整合性をとる必要がありますから、法案の立案の段階から、議員の指

関さん

示の下、所管している省庁に連絡をとり、法案の成立後の執行に不具合が生じることはないかを確認します。また、条文の書きぶりや、合わせて改正すべき箇所についての相談をすることもあります。

### ◆衆議院法制局の１年

——皆さんは、１年をどのように過ごされていますか。忙しい時期と落ち着いている時期など、ありますか。

（白石さん）　１年間の業務の流れは、国会の動きに即しています。したがって、１月からの通常国会や秋の臨時国会の開会中は忙しく、他方、その間の夏や冬の国会閉会中は比較的落ち着いています。とはいえ、国会閉会中も、次の国会に向けて引き続いて作業を進めるべき立案案件も少なくありませんし、日々発生する様々な事件・事象に関する憲法や法律を切り口とした照会が絶えることもありません。

——通常国会は、毎年１月に始まりますね。その時期は、どのようなことをされていますか。

（白石さん）　１月開会の通常国会では、まずは予算審議が行われます。したがって、この時期、私たち衆議院法制局は、後々の提出に向けた議員立法の立案・審査の作業を粛々と進めつつも、予算審議にからんで次々と舞い込む憲法問題・法律問題についての照会に対する調査回答業務に追われます。

　予算審議に続いて、内閣が提出する「閣法」が提出・審議される時期になると、それに対する修正案や、対案とな

る議員立法の立案・審査の作業が多くなってきます。

　その後、通常国会が後半になると、与野党を問わず、数多くの議員立法が提出されます。特に、国政選挙前の国会では、各党がその立法政策を法案という形にして国民に示したいと考えることから、私たちの業務も繁忙を極めることもあります。審議入りするものも少なくありませんので、その場合には審議のサポートが重要な業務になってきます。


**◆印象に残っている法案**
——これまでに担当された法案で、印象に残っているものを教えてください。
**●リベンジポルノを防げ**
（白石さん）　平成26年のリベンジポルノ防止法（私事性的画像記録の提供等による被害の防止に関する法律）の立案に携わったことが印象に残っています。この法律は、いやがらせ・腹いせの目的で、元交際相手や元配偶者のプライベートな性的画像をインターネットなどで流出させる、いわゆるリベンジポルノ行為が、平成25年10月に起きた三鷹ストーカー殺人事件を一つのきっかけとして社会的に大きな問題となっていた中で、そのような行為による被害を防止するために立法された法律でした。その大きな柱の1つは、リベンジポルノ行為に対する罰則の新設でした。


——罰則を設けるとなると、他の法案に比べて難しい面がありますか。
（白石さん）　罰則を新たに設けるということは、国民の権

利と自由に制限を加えるもので、国民生活に大きな影響を及ぼしますから、非常に慎重な検討が求められます。

　そこで、衆議院法制局としては、まず、果たして本当にリベンジポルノ行為に対する罰則の新設が必要か、現行法の既存の罰則を適用することで十分ではないかという論点を検討し、依頼議員に説明をしました。最終的には、リベンジポルノ行為については、刑法の名誉毀損罪やわいせつ物頒布等罪、児童ポルノ禁止法違反の罪などで処罰できるケースもあるが、法律のすきまに落ち込んでしまい、どの罰則も適用しにくいケースもあるので、それをカバーするために罰則の新設が必要だ、という結論になりました。

　また、国民の行動の自由を保障する観点から、罰則が適用される要件は明確なものでなければなりません。ですから、リベンジポルノ行為に対する罰則を具体的に条文化するに当たっても、例えば、対象となる「リベンジポルノ画像」を法律の用語としてどう表現するかといったことに頭を悩ませました。表現を簡潔で分かりやすくすることには留意しつつも、正確さ、明確さを決して損なうことのないよう、慎重にも慎重を重ねて条文を書いていきました。

——なるほど、やはり慎重な検討が行われたのですね。その後の法案審議はどうだったのでしょうか。

（白石さん）　この法案は、提出前に超党派で合意が得られたため、衆議院総務委員会提出の法案として提出されました。このような「委員長提案」と呼ばれる法案は、委員会での審査は省略されるのが通常ですが、この法案は衆参の

総務委員会で質疑が行われました。私たちは、事前に100問を超える想定問答を準備しておき、当日も依頼議員の答弁のサポートを行いました。例えば、衆議院の審議では、名誉毀損罪やわいせつ物頒布等罪など、既存の罰則で対応できないのかとの質問がありましたが、これは先ほどご説明したとおり、法制度化の検討の過程でしっかりと検討していたことでもあり、その検討が答弁にも生かされた形になりました。

　そのような国会審議を経て、この法案は、ほぼ全会一致で可決され、成立しました。このように、社会的に大きな注目を集めた問題への政策的対応として、新しい罰則を創設する法案に携わったことは、非常に印象深い仕事でした。

——罰則を新たに設けるというのは、とても大変なお仕事だということが分かりました。

（白石さん）　この法律に基づき、毎年4、50件ほどの事件について検挙がされています。そういう報道を目にすると、自分の携わった法律が社会の中で機能していることを実感して、感慨もひとしおです。「六法全書に残る仕事」ができたと思っています。

●東京オリンピック・パラリンピックへの熱い思いを形にする

（秋丸さん）　前に所属していた第三部第一課では、オリンピック・パラリンピック特措法（平成32年東京オリンピック競技大会・東京パラリンピック競技大会特別措置

法）の改正に携わりました。特に世間の注目を集めたのは、（編注：2020年に予定されていた）東京オリンピック・パラリンピック大会の日程を踏まえ、祝日である海の日、山の日、スポーツの日を移動させるという内容です。

——祝日が移ることは、世の中でも大きな話題になりましたね。

（秋丸さん）　祝日の移動に関しては、依頼から成立まで約2ヶ月という短い期間で進みました。通常はもっと長くかかる法律が多いのではないかと思います。中には3～4年かけて検討されている法律もあります。

　この祝日の移動については、超党派で議論されました。議員の先生方の、オリンピック・パラリンピックをぜひ成功させたいという強い思いがあり、立案から各党の議論まで非常に早く進みました。オリンピック・パラリンピックという行事がどれだけ大切なものかを改めて感じました。

——議員の強い思いを、条文という形にできたのですね。

（秋丸さん）　衆議院法制局では、部署を異動するごとに担当する分野ががらりと変わり、議員立法の依頼をされる議員も変わります。また、担当する委員会によって、超党派の法案が多いとか、野党の法案が多いなど、色々な特色があります。例えば文部科学関係は、ここ数年、超党派の法案が多いです。教育を良くしたい、オリンピック・パラリンピックを成功させたい等の根底にある思いが、会派を越えて共通しているのだなと思います。

## ●チケットの不当な転売を防げ

(石黒さん)　最近では、チケット不正転売禁止法案（特定興行入場券の不正転売の禁止等による興行入場券の適正な流通の確保に関する法律）を担当しました。オリンピック・パラリンピックの開催も控え、チケット転売を規制する必要性が高まってきたことが背景にあります。

　チケットが転売のためにたくさん買い占められてしまうことで、例えば、音楽のライブ会場などで、空席が目立つといった事態も見られるようになっています。また、入場の際に、チケットを買った本人かどうかがチェックされることがありますが、ネットでチケットが不正転売によるものだったとして入場できなかったという事態も起こっていました。

　そこで、チケットの不正転売を禁止し、あわせて、入場しようとする人がチケットを買った本人かどうかをチェックするといった措置を興行主にしてもらうことによって、適正な価格でチケットが売られるようにするということを内容とする法案の立案の依頼がありました。ラグビーW杯や東京オリンピック・パラリンピックに間に合うかというのは意識されていたように思います。

——法律の立案に当たって、苦労された点などはありますか。

(石黒さん)　法案の立案に当たっては、色々と考えなくてはいけないことがあったのですが、例えば、既存の法令との関係を整理する必要がありました。

いわゆる「ダフ屋行為」については、既に多くの都道府県が迷惑防止条例でこれを禁止しています。そうした既存の条例で禁止することができないのか、とか、転売目的を隠してチケットを買う行為や、本人でないと入場できないチケットだということを隠してチケットを売る行為は、刑法の詐欺罪に当たり得るのではないか、という点からも、新たな法律を作ることが本当に必要かどうかを検討しました。

検討に当たっては、全国の条例を一つずつ調べていく作業もあり、時間も要しましたが、その結果、例えば、迷惑防止条例との関係でいえば、都道府県によってはダフ屋行為を禁止していないところもあり、また、インターネット上での売買など既存の条例では規制できないようなケースもあるということが分かり、新しく法律を制定する必要があるという結論に至りました。

チケット不正転売禁止法については、報道機関からの問合せも多く寄せられたほか、仲の良い友人との話題にも上るほどに世間の注目度が高かったようで、そのような法律の成立に関わることができ、とてもやりがいを感じました。

## ●全国の郵便局ネットワークを支える

（関さん）　今紹介されたような世の中の話題に上がるものと比べると地味に思われるかもしれませんが、印象に残っている法案があります。

それは、「独立行政法人郵便貯金・簡易生命保険管理機構法」（以下「機構法」）という法律の改正案を担当したこ

とです。

——郵便の関係ですか。難しそうな法律名ですね。

（関さん）　郵便局へ行くと、窓口に「郵便」「貯金」「保険」といった案内板が掲げられていますね。この三つのサービスを「郵政ユニバーサルサービス」といっています。そのサービスを安定的に提供するための基盤となるものが、全国2万4千局の郵便局からなる郵便局ネットワークです。担当した法律の改正は、その郵便局ネットワークの維持を支援するための交付金・拠出金制度を作るというものでした。

——交付金・拠出金制度とは、どういうものですか。

（関さん）　関連銀行と関連保険会社が郵便局ネットワークを維持するのに必要な拠出金を出し、それを「独立行政法人郵便貯金・簡易生命保険管理機構」（以下「機構」）という法人で集めます。そして、機構は日本郵便株式会社に交付金としてお金を支払うという仕組みです。

——郵便、郵貯、簡易保険という巨大な組織に関する新しい仕組みをつくるとなると、郵政民営化からの経緯や、関係者が多いなど、条文を書くだけでない大変さがあるように想像しますが。

（関さん）　そうですね。この法案は、関係する議員が非常に多いため、多くの議員のところへ法案の説明に伺いました。

　また、関連して改正する必要のある法律を確認するのに
も、手間がかかりました。

　機構法は、郵政民営化関連法が成立した平成17年に制
定された法律ですが、今回、郵便局ネットワークを支える
業務を機構に持たせるということで、機構の名称を変更し
ました。それに伴い、機構法の題名も「独立行政法人郵便
貯金簡易生命保険管理・郵便局ネットワーク支援機構法」
と改正しました。

　機構の名称や機構法の題名を変えると、他の法律の中に、
その名称・題名を引用している条文がある場合、その箇所
も改正する必要があります。

——それは、一見すると、引用している個所を機械的に見
つけていって改正すればよいような気もしますが……。
（関さん）　確かに、機械的に改正すればよい場合もありま
すが、今回は、平成19年に郵政民営化が行われてから10
年以上が経過しているので、状況も色々変わっており、条
文で引用されている機構や機構法の名称を機械的に改正す
るだけではいけないような場合もあり、その確認に苦労し
ました。

　例えば、ある法律の中で、機構の名称や機構法の題名を
引用してはいるものの、その規定が郵政民営化に伴う機構
の設立や業務に関する規定などの場合は実効性を失ってい
る可能性もあります。そのような規定を改正しても意味が
ないので、そこは改正しないという整理になります。そこ
で、機構や機構法の名称を引用している他の法律の条文が

今でも実効性があるかどうか、一つひとつ確認する必要が
ありました。

　その結果、改正した法律は 12 本でしたが、検討の結果
改正しなかった法律も 5 本ありました。

―― 一つひとつ確認していったというわけですね。

（関さん）　そうです。しかも、中には、色々調べてみても、
実効性を有しているかどうかがなかなか分からない法律も
あり、その法律については、総務省へ問合せをし、総務省
から実際の業務を行っている法人へ問い合わせてもらいま
した。中には、法案が提出される直前まで方針が決まらな
かったものもありました。法律上は行うことになっている
業務でも、現在は行われていないのか、また、今後もその
業務を行う予定がないのかどうか、ということを確認した
上で、改正しないという結論を出しました。

　あまり知られていない法改正かもしれませんが、社会的
にとても重要で、調査などの大変な事例だったといえると
思います。

◆読者へのメッセージ

――最後に、読者の方へのメッセージをお願いします。

（白石さん）　国会というと、不祥事の追及や、重要法案を
巡る与野党の激突といったような派手な話題に目が行くこ
とが多いかもしれませんが、実際には、日々様々な法案が
提出、審議、可決されています。中には議員立法もたくさ
んあります。

　一見すると目立たない仕事かもしれませんが、議員立法というのは、私たち国民が選挙で選んだ国会議員の「政策（おもい）」を「法律（かたち）」にしたもの、すなわち、私たち国民の「意志（おもい）」が「法律（かたち）」になったものでもあるはずです。ですから、「○○法案が可決された」という報道などに接したときは、このようなことに少しでも思いを馳せていただけたらと思います。そして、その背後には私たち衆議院法制局の存在があるということも思い出していただけたら嬉しいです。

（石黒さん）　法律というのは、なじみの薄い方から見ると、何が書いてあるのか分からないと思われるような、難しいものかもしれません。しかし、その裏で、法律を書いている人は、「こういうケースではどうなるのかな」など、具体的な場面でその法律がどのように適用されるかを思い浮かべながら書いているので、この規定はどんなことを表現しようとしているのか、具体的な場面を想像しながら条文を読んでいただけると嬉しいです。

（秋丸さん）　議員立法というのは、議員が何を考えているかを映す鏡であり、それは、社会問題を映し出す鏡でもあります。議員の先生方は、敏感に社会問題をキャッチして、私たちが知らないことをたくさん教えてくれます。法律を目にしたときは、それが社会を映す鏡であるという意識で見ていただければ、法律を少し身近に感じていただけるのではないかと思います。

（関さん）　ニュースで取り上げられている議員立法は、世論の盛り上がりによって現れた政策課題に対応するものが多いかと思います。一方、先ほどお話しした郵政に関する法律は、ニュースで大きく取り上げられないとしても、国民生活に大きな役割を果たしている社会的インフラを裏側から支えるものです。郵便の利用者からは直接には見えないかもしれませんが、日本中の人が郵便サービスを利用しているので、そのサービスを縁の下から支えるような法律も議員立法でなされていることを知っていただければと思います。

　また、政策内容を知るには概要の資料でも十分かもしれませんが、裏側には、法律の条文を書く技術や、既存の法律との整合性を確認することなどの細かい作業があって、我が国の制度が成り立っているということに思いを馳せていただければと思います。

──みなさん、長時間にわたりありがとうございました。

法律ってたくさんあるけれど、一つひとつの法律を、こんなに熱い気持ちを持った人たちが作っているんだね！
これからは、法律を見たら、法制局のみなさんのお話を思い出して、真剣に読まなきゃいけないね。

# おわりに

　身近なことからスケールの大きな地球のこと、何百年も前のことまで、いろんな法律の世界を巡ったね！

　世の中のあらゆるところで、法律は大事なことを決めてくれているんだね。

　みんな、気に入ったトリビアはあったかな？　みんなの知ってる法律トリビアも、教えてくれたら嬉しいな。

　ところで、この本を作った「第一法規法律トリビア研究会」が書いているアメーバブログ「いくつ知ってる？法律トリビア」には、他にもたくさんの面白い話が載ってるよ！　ぜひ見にきてね！

（https://ameblo.jp/daiichihoki-triviablog/）

　みんな、ヒカリと一緒に法律の世界を旅してくれてありがとう（^o^）/

**編著者プロフィール**

## 第一法規 法律トリビア研究会

法律系出版社「第一法規」の社員有志による研究会。
日常生活ですぐ役立つ……とは限らない、法律に関するトリビアを発掘して、ブログで紹介しています。

アメーバブログ「いくつ知ってる？法律トリビア」
http://ameblo.jp/daiichihoki-triviablog/

カバー・本文イラスト／ジェニー
カバー・本文デザイン／コミュニケーションアーツ株式会社

**法律ってやっぱりおもしろい**
# JKヒカリとめぐる法律トリビア

2020 年 7 月 20 日　初版発行

編　著　　第一法規 法律トリビア研究会

発行者　　田 中 英 弥

発行所　　第一法規株式会社
　　　　　〒107-8560　東京都港区南青山 2-11-17
　　　　　ホームページ　https://www.daiichihoki.co.jp/

法律トリビア 2　ISBN978 4 474 06692-2　C0201 （8）